我 的 青 春 我 的 梦

全国中学生校园美文精品集萃丛书

人静乌鸢自乐，小桥外、新绿溅溅

一尘不染的少年真心

《中学生博览》杂志社 选编

时代文艺出版社

图书在版编目（CIP）数据

一尘不染的少年真心/《中学生博览》杂志社选编. —长春：时代文艺出版社，
2018.8（2023.6重印）
（"我的青春我的梦"全国中学生校园美文精品集萃丛书）

ISBN 978-7-5387-5675-3

Ⅰ.①一… Ⅱ.①中… Ⅲ.①作文－中学－选集 Ⅳ.①H194.5

中国版本图书馆CIP数据核字（2018）第000146号

出 品 人　陈　琛
产品总监　郭力家
责任编辑　曾艳纯
装帧设计　李　斌
排版制作　隋淑凤

一尘不染的少年真心

《中学生博览》杂志社　选编

出版发行/时代文艺出版社
地址/长春市福祉大路5788号　龙腾国际大厦A座15层　邮编/130118
总编办/0431-81629751　发行部/0431-81629758
官方微博/weibo.com/tlapress
印刷/北京一鑫印务有限责任公司
开本/700mm×980mm　1/16　字数/153千字　印张/11
版次/2018年8月第1版　印次/2023年6月第6次印刷　定价/34.80元

图书如有印装错误　请寄回印厂调换

编 委 会

目 录

一尘不染的少年真心

幸好青春从未走远

我所理解的生活

只是一片海蓝蓝

一直很喜欢潘安邦的《外婆的澎湖湾》这首歌谣，虽然我一直听的都是黑鸭子合唱组的版本。潘安邦去世，央视评论员杨禹说："外婆还在，澎湖湾还在，你不在了。"

我的外婆外公都不在了，但小池塘还在，我还在。

没有椰林醉斜阳，只是一片海蓝蓝。

只是一片海蓝蓝

zzy 阿狸

请带一只小蛋糕给我

我记得以前去外公家都比较麻烦，当然现在修了路好走多了。在还没修路前，从拐进村口那一刻就开始了神奇之旅，无论是坐摩托车飞奔还是坐小车飞驰，屁股亲吻座垫的时间最长不超过三秒。

一路上基本没有交流，一是因为尘土飞扬，二是因为一个音节都要抖成好几段。

简直不能好好说话。

但一切不满的情绪在到达外公家后都烟消云散。

车熄灭了引擎，我清清嗓子喊一声外公，屋里会马上传来外公爽朗的笑声，悠悠长长，像是一种神秘而遥远的暗号。

只是从三年级那年开始他再也不能为我对上这句暗号了。

在还没上学的时候，有一次去他那儿，小小的我心情很失落，他变戏法似的拿出一只小蛋糕给我。小蛋糕是倒立的圆台形状，底部还有一张粉红色的纸包着。外公家离市集很远，这些年每次去那儿我都会里里外外逛个遍，但也没发现有卖包子的店，那只小蛋糕的来源我不得而知。

该怎么形容那种滋味呢？这样说吧，你觉得你吃过最好吃的东西是什么滋味，那种滋味就是什么。

如果要套上"这辈子吃过最好吃的是……"句式开头需要等到七八十岁才可以下定论的话，现在我可以毫不犹豫地把这一票投给那一只小蛋糕。

后来每每看见类似的小蛋糕，我总会马上翻尽全身的口袋掏钱买一个。

但再也不是那种滋味了。

他走的那年我念小学三年级，下葬那天学校要上课，不过就算是周末估计番姐也不会让我去。那天每一节下课我都会自己一个人站在走廊上，看着校园里光秃秃的小树，抓住挂在天上大朵大朵的云，想象着他的模样，挤了很久也没有挤出一滴泪。

那时候我不断地逼问自己，他那么疼你，你那么爱他，你为什么不流泪？

那时候我自己都不知道该怎么回答自己。

但我想我现在有答案了。

他留给我的一直都是欢乐与笑声，我不应该用眼泪来送别他。他在世的时候我们开开心心，去了那边以后我们一样要开开心心。外公你说对不对？

要是觉得我说得对，请你再带一只小蛋糕给我。

三十万像素的澎湖湾

其实那并不是澎湖湾。

那只是外公家门口的一个小池塘，常年有着碧绿的颜色的一个小池塘。池塘边有一棵歪脖子果树，生长趋势直指水面。果树这个说法是表哥和我说的，到目前为止我还没见过那棵树长出果子。

可能因为我曾经待它不是很友善，它不喜欢我，所以我没果子

只是一片海蓝蓝

吃。

其实只是很小很小的小事而已。

不过是把爆竹塞在树洞里，完事了觉得不过瘾还要拿石头把洞给堵上让它内部爆炸罢了。

但它也有做过相应的反击。

譬如说小时候我在树上屁颠儿屁颠儿地自由穿梭的时候，重心不稳一头栽进池塘里。

外公家那时候没有熨斗，只能用火帮我烘干衣服。番姐说我后来靠在她的怀里披着一张被单睡死过去了。

山无棱天地合也摇不醒我。

于是把我扔在那荒山野岭一晚上。

后来小学六年级的时候，表哥买了一个有拍照功能的杂牌手机。他把拍照功能展示给我看的时候，我才终于体会到哥伦布发现新大陆的心情是如何澎湃。

我很清楚地记得他当时特炫耀特能装地一字一顿地说："这、可、是、三十万、像、素、呢！"

三十万。

我拿着手机朝着外公家隔壁的狗狗拍，朝着绿水青山拍，朝着还挂着两行清涕的小毛儿拍……当时不管光线不管角度，兴致勃勃地拍了很多很多。后来手机都罢工了：内存不足！我才极不甘心地收手。

那天留了这么一堆财富给表哥，还特认真地嘱托他好好保存后，和番姐一块儿坐着江叔的摩托车屁颠儿屁颠儿地回家了。

真的是屁颠儿屁颠儿。环境极其险恶，屁都快颠出来了。

后来那些照片估计都被删光光了吧？

照片留不住，却留住了风景。

现在再去那儿已经没了拍照的兴致，脱了鞋子坐在树上，把脚伸进池塘里会惬意得多。

但如果可以的话，我想看看那时候三十万像素拍出来的天空是不是会更纯澈一点儿。

一直很喜欢潘安邦的《外婆的澎湖湾》这首歌谣，虽然我一直听的都是黑鸭子合唱组的版本。潘安邦去世，央视评论员杨禹说："外婆还在，澎湖湾还在，你不在了。"

我的外婆外公都不在了，但小池塘还在，我还在。

没有椰林醉斜阳，只是一片海蓝蓝。

哦，不对，只有一片水绿绿。

又见炊烟

故菊

1

马丁丁喜欢潘雨兮这件事，除了马丁丁本人以外，我是第二个发现的。

那晚是校园十佳歌手大赛的半决赛，马丁丁和潘雨兮都是入围的选手，我作为雨兮的亲友团去给她加油。其他女选手或着火辣性感短裙，唱当季最流行的情歌，或顶着萝莉装卖萌地唱校园童谣。潘雨兮她偏着一席针织森女系长裙，在脑袋后扎了一缕蝎子辫，站在台中间规规矩矩地唱邓丽君的《又见炊烟》。

喝惯了咖啡饮料，偶来一杯清茶清清肠胃也是极好的。潘雨兮这杯清茶没有倒进马丁丁的胃里，反而流进了他的心里。

比赛结束，马丁丁和潘雨兮都止步半决赛，大多数选手都抱着来玩的心态，结果被淘汰的比晋级的玩得还疯。舞台四周用来装饰的气球被他们拿在手里逐个捏爆，气球在潘雨兮耳边炸响，她惊恐地往旁边一跳，使坏的马丁丁脸上露出了似曾相识的笑。我当时只觉得那笑熟悉，后来才想起那是潘雨兮每次谈到刘顾时都会有的表情。

只要你心里有一个人，想起他、谈及他、与他独处时，露出的笑总异于正常的笑，那笑好似是从心里流出来的，不经意间就幸福了一脸。

潘雨兮喜欢刘颀不是一天两天了，俩人是小学同学，情种打小就种下了，这姑娘还真早熟。

潘雨兮这当局者被刘颀迷得晕头转向，作为旁观者，我对刘颀只有两个字形容：渣男。

从他拒绝潘雨兮第N次说的那句"对不起，我们认识得太晚了"就足够让我气得头顶生烟。

小学还晚，那这位爷，你打算从幼儿园同学中挑女友吗？

从小学到高中，刘颀还真没少祸害潘雨兮，潘雨兮身为一文弱小女生，那一手隽秀有力的字让多数男生都自愧不如。我曾问过缘故答曰："刘颀小学时写字特别好看，我就偷偷模仿他的字。"就凭这手模仿来的字，潘雨兮没少给刘颀写作业，抄情书。

刘颀要是某个时段对潘雨兮稍微温柔点儿，那他绝对是处于感情空窗期。身为朋友实在看不过眼，有次我气急："你就是个备胎！"这话随口蹦了出来，潘雨兮也不反驳我，一脸委屈无奈地说："我连备胎都算不上，充其量就是个千斤顶，换胎的时候用一下。"这姑娘还挺明白，可就是走不出来，算了，谁年轻的时候没爱过几个混蛋。

2

我和马丁丁都是数学课代表，他这个人有些内向，没事的时候从来不会找女生说话，从不和女生扭打嬉闹在一起。

我和他各抱着一摞作业本往班里走的时候，他和迎面的男生打了个招呼，那人常伴刘颀左右，我多少有些印象。

"那是高二的同学。"面对我狐疑的目光，他答道。我、潘雨兮和马丁丁是高三才分到一个班的，文科生和理科生在两栋以天台相连的楼里，课间十分钟哪怕在天台碰面，聊不上几句就要各自返回教室。潘雨兮因为这个，上学放学总是穿过天台从理科楼经过，只为了碰见刘顾。

"那你和刘顾一个班了。"马丁丁冲我点了点头，还真是出年度狗血大戏。

马丁丁对刘顾的评价是：和他不熟，他的个子和他的名字很相称，顾长有型，常有女生来找他。

进了教学楼，我没忍住，直截了当地问他："你喜欢潘雨兮吧？"马丁丁没有预料到，抽出一只手慌忙地扶了扶眼镜，作业本撒了一地。

把话讲开了以后，马丁丁不再顾忌我，常问我潘雨兮的喜好。有次马丁丁问我潘雨兮有没有喜欢的人，我犹豫了一下，轻微地摇了摇头，他没再追问是没有还是不知道。不知出于什么私心，我没有告诉马丁丁，潘雨兮喜欢刘顾；也没有告诉潘雨兮，马丁丁喜欢她。

周五的下午，潘雨兮苦着一张脸问我，周末校园十佳歌手的聚会她要不要去。这或许是马丁丁出手的好机会，我怂恿着潘雨兮说："去玩一下，也没什么不好。"马丁丁原本不打算去的，一听我说潘雨兮去，他又临时变了主意。

周末下午，我把手机扔在一旁，边码字边等潘雨兮的电话。果然，傍晚时分，铃声响了，我接起了潘雨兮的电话。

"盛暖，发生了几件复杂的事情，你保证不骂我，我才说。"

我以为她弃暗投明，抛弃了刘顾，迎向了马丁丁的怀抱，于是装出一副郑重的语气答应了她。如果所有的剧情一开头就是王子和公主生活在了一起，那观众们早把电视机砸了。

潘雨兮这个兢兢业业的女主角，果然也没有辜负我这个爱看狗血剧的观众。以她的叙述加上我的想象，情节如下：大家在KTV嗨到一半，马丁丁拿起话筒唱了一首蔡旻佑的《我可以》，到尾声的时候，他当着所有人的面，向潘雨兮表白了。潘雨兮还没反应过来，刘顾的电话就打来了，一听俩人的距离不远，就喊潘雨兮去给他送伞。潘雨兮一接电话，把马丁丁的告白抛之脑后，抓起伞，以"对不起，我突然有事"为由，就冲出了KTV。谁知马丁丁追了出来，一直跟在她身后。刘顾接过伞直接给旁边的女伴打上，潘雨兮顶着雨边哭边往回走，马丁丁的雨伞一直打在她头顶上，默默地把她护送到楼下才离开了。

我妈像看神经病似的问了我一句："你用表情演蹦极呢，一会儿狂喜一会儿愤怒最后来个黯然神伤。"

旁观个三角恋，我怎么有种比当事人还虐的心情？

3

夏季不仅有连绵不断的大雨，也有催人发困的骄阳，我和潘雨兮逃了下午第一节体育课，枕着校服趴在桌子上补觉。聒噪的蝉鸣把我吵醒，潘雨兮在我旁边唰唰写着什么，我探头一看，有种想按快进键的冲动。

纸上写了刘顾和马丁丁的名字，两个人下面各有一串形容词。

刘顾：颀长有型；花心；外向开朗；前女友大于五个。

马丁丁：目测一米七八，可以接受；貌似专一；内向沉稳；前女友不明，估计少于三个。

一看这几项，马丁丁似乎还占上风，可最后一项马丁丁直接满盘皆输。

我喜欢刘顾。

我不喜欢马丁丁。

我文青病又犯了，拿笔在底下加了两句话。

纵然你名花已有主，我也犯贱想来松松土。

纵然你有千般好，偏偏对你没感觉。

刘顾依旧保持着渣男本性，潘雨兮也对得起痴情女的头衔，所有的戏份一下子都压到了马丁丁身上。

009

只是一片海蓝蓝

潘雨兮的数学作业本最近总是最后一个才发下来。第一次她大呼小叫地找本子时，数学老师狐疑地推了推眼镜："明明都让课代表搬回来了，等下课再去办公室找找。"她空着手从办公室回来，作业本正安静地躺在桌子上。我知道是马丁丁干的。

他把所有的作业本都发下来，唯独扣下了潘雨兮的，在她的错题下面，用铅笔密密麻麻地写满了正确步骤。马丁丁这种手法也是高超，他若是送她礼物，哪怕是体育课后的一瓶水，潘雨兮若真心不接受他，还给他也没辙。可偏偏是这种学习上的帮助，谁会和自己、和成绩、和高考过不去呢。

潘雨兮的错题越来越少，马丁丁在一个偶然的机会把一盒奶糖给了我，让我转交给潘雨兮。按正常套路，潘雨兮打死也不会接受的，可我也不想让马丁丁失望，主角们的幸福都是累死配角换来的。

我以哄骗幼儿园小朋友的理由来哄骗潘雨兮："你最近数学作业进步很大，老师说奖励给你的。"这骗术假得连自己都骗不了，可潘雨兮居然信了，她信了！我突然像偷到了金箍棒的孙悟空，给我一朵筋斗云，我也能乐得翻出十万八千里去。

潘雨兮对待那盒奶糖十分虔诚，每次都要洗完手才打开盒子，仔细地拿出一块，优雅地剥开包装，拿起那颗奶香浓郁的圆球缓缓地送进嘴里，最后再闭上眼睛细细品尝，咀嚼。开始我还被唬得一愣一愣的："姐，你这不像是吃奶糖啊，怎么跟吃仙丹似的？"之后，我也慢慢习惯了，习惯了她吃奶糖的奇葩样子，也习惯了她卷子上的高分。

原本以为马丁丁不说漏嘴，这事就能瞒住潘雨兮。考试前的最后一节数学课下课后，潘雨兮追了出去，冲数学老师来了一个九十度鞠躬："老师，谢谢你的奶糖，我不会让你失望的。"她出去时挺高兴的，回来时沉着一张脸，幽幽地对我说了一句："数学老师说她没送我奶糖。"

估计平时脑筋急转弯看多了，我也没慌，理直气壮地说："不是咱数学老师，是帮你改错题的老师。"潘雨兮把奶糖盒拿出来，没有冲到马丁丁桌旁把剩下的奶糖归还，反而轻叹了一声，拿出一颗奶糖，吃了。

嘿，剧情来了大转弯，男二号马丁丁上位有戏了。

为了调节考前紧张情绪，靠窗的同学纷纷搬来盆栽摆在窗台上，唯独马丁丁那扇窗户前空无一物。潘雨兮拉着我去了两趟花鸟市场，一直没定下来买仙人掌还是云竹。此处伏笔太深，怪我眼拙当时并没有意会，直到马丁丁窗前多了盆云竹，潘雨兮隔三差五跑去浇水，我才看出端倪。

马丁丁和我去办公室的路上，话题不再仅局限在学习和潘雨兮身上，时不时他也给我普及一些云竹的习性。

何必非要求结果呢？青春里让我们缅怀的不就是细微的关心，青涩的言行？它无关世俗，不带奢求，只是我喜欢你，想对你好，仅此而已。

4

电视剧里的烂俗情节：车祸、失忆、出国。刘颀这男一号真把烂俗情节演成了现实，他要出国了。身为女一号的闺密，正常桥段应该是普天同庆，再放一串鞭炮恭送渣男出国，鼓励女一号开始寻找新的感情。但是由于潘雨兮那副郁郁寡欢还未开口就眼圈微红的可怜样子，我第一次没有叫他渣男："刘颀，他，走了也好。"

于情于理，潘雨兮都该去机场送送他，不为告别他，也该和自己多年恋而不得的感情挥手作别。她好歹有骨气了一次，和他说完一声再见扭头就走，后背挺得直直的，直到走出他的视线，背靠着柱子，眼泪才溃不成军地流下来。她扯过一直在柱子后等她的马丁丁，把脸靠在他的衣襟上，眼泪和呜咽都埋进他的胸膛。

马丁丁轻轻地说了一句："他走了，你可不可以喜欢我？"

所有的故事都讲究首尾呼应，他从她的第一场哭戏入场，陪她走完全程。

黎 明 前 夜

第 二

终考铃声响起时，我瞥了眼面前涂得乱糟糟的答题卡，顿觉生无可恋。

后桌兄台迫不及待地先起身交了卷。我默默在心里数了几遍"一二三四五，上山打老虎"，估摸着时间差不多了，也收拾收拾桌面，拎着自己都不愿再看一眼的卷子，痛快上交滚出考场。至此，折磨我长达半个月之久的《内科学》之战终于告一段落。

一想到从此不必再背负那上千页的课本满自习室乱窜，不必再面对什么消化道出血与风湿免疫病，不必朝六晚十两天吃不上一顿饭，不禁为自己掬一把辛酸泪。神啊，您若当真博爱苍生，就让小的过了吧！

一通羊角风式祈祷完毕，才想起应该给后桌120君发个短信汇报汇报战况。120是后桌君的学号尾数，同理可得119就是我。一眼看去，我放火，他急救，甚是吉利。大抵因为学号相近，每次做实验都会组队。加之又是同乡，我俩的交情一直非比寻常。重要的是刚刚开考前120君突然对我又是拍肩又是摸头，忆苦思甜大打感情牌附带塞过来一包巧克力。我便知道，完了，这算是被绑上贼船骑虎难下了。

默默给120君发去一句"生死有命，富贵在天。兄弟，哥们儿只能帮你到这里了。来年三途河畔走一遭，可别怨我"。

120君秒回："什么情况？"

"就是我自身难保的意思。"

"具体一点儿。"

我想了想，还是决定坦白："但愿你不是通篇复制！出来前我数了一下，整张卷子我能保证对的，不超过四十道。"

120君："……"

我："……"

"……谢谢！"

"客气！"

日常扯皮后才发现手机上一直有条未读短信，戳开一看是室友阿敏发来的。内容相当精炼，就七个字——"二笨我回寝室了"。时间定格在半个小时前。

……这题有那么简单吗？提前半个小时就跑路了？我怎么觉得有可能会挂呢……

在下表示有点儿头痛。

内科考试不同于其他科目，开创性地采用"全选式"。也就是说，卷面一百分，对应一百道选择题。这看起来简单，似乎没事掷骰子蒙一蒙都能答完。可那课本可是有上千页啊！每页上千字啊！谁知道从哪个犄角旮旯儿就能抽出一句话考一道选择题啊！整本书都是重点的痛！每个选项都是见过的痛！整整一百道选择！炭笔涂卡机器阅卷连人情分都没有的痛谁能懂！

刚推开寝室门就看见阿敏正趴在桌上奋笔疾书，凑过一看赫然正是超市小店里卖的内科题库。

"不是考完了吗？"

"我挂了。"

"啊？"

"他们说这个版本的题库里有原题，我趁着脑子里还有印象，先划一下。"

"有多少？"

阿敏抬头，一脸悲戚："不多，也就……六十多道。"

什么鬼！

不是说不会出考过的题吗？！

不是说超市里的题都不靠谱吗？！

不是说内科挂科率一向都高吗？！

"做这个题的人……不多吧？"

"我刚刚回来打听了一路……很多人做的都是这个……题少，一天就能背完……"

那我每天披星戴月拼命复习是为了什么啊！什么叫说好了大家一起挂科，你却悄悄及了格？这就是！

然而小王子说过，时间终会冲淡一切哀伤，留下的都是幸福与快乐。接下来又是几场紧张的考试，我渐渐将内科的事忘到了脑后，而期末考也在这凌乱的气氛中结束了。总之熬过了黑暗的考试月，前方就是黎明！

（顺便提一下，老老实实地复习背书没有辜负我，于是乎我做出了一个决定：下次还是一步一个鞋印，大踏步地向前！）

我们在此相遇

愈 之

有一段时间外出，我留意得最多的就是附近是否有书店。

有的话，必定进去问问有没有一本叫做《我们在此相遇》的书。一来二去，平日里喜欢和我出去逛街的朋友们不禁好奇起来。

我简单地解释，这是一本2009年出版的外国小说，只印了一次，在各大网络书店上不是显示缺货就是没有记录，淘宝上又只剩复印本。看来是已经绝版的了。我不死心，就在实体书店碰运气。

她们和我一起经历高考，一起选择同一座城市念大学，知道我喜欢书，"哦"了一声，便不再细问。我心中窃喜：有些故事，她们暂时不需要知道。

想买这本书，是因为微博上看到的一句书摘："如果你非哭不可，他说，有时候你就是忍不住，如果你非哭不可，那就事后再哭，绝对不要当场哭！"谁知看完这句话后我就哭了。那时我刚进大学，就读的院校不是第一志愿，学校里的一切都让我感到失望和委屈。同学们讨论得最多的就是兼职、人脉、恋爱、化妆或者网络游戏，最大的希望就是少上几节课，多放一些假。所有对于大学的美好幻想都化为了乌有。

图书馆除了考试周永远没有多少人，多读几本书就成异类了，比如我。我比在高中时更加感到孤寂和不安。这份情感是很难和身边的好友们诉说的，因为我们都是高三时曾经努力过而最终没有考上心仪大学的人，我的苦闷与伤感会让她们更加难受。或许正因如此，那句话才打动我吧。同时它也引起了我的好奇心，我想知道那句话和一个怎样的故事有关。

数月后，我在一家书店中找到这本书。我看到的摘录出自一个小故事：男孩儿"我"和肯去酒吧时，"我"被酒鬼欺负，离开酒鬼视线后，"我"忍不住哭了，肯把"我"带到没有灯光的街上后，说了我看到的那段话。

书合上的后一秒，我给几个好友发了短信，约她们明天见面。第二天一见到她们，我就把这段时间的感受都说了出来，说得有些语无伦次，说着说着自己就哭了起来，她们都慌了神儿，连忙安慰我。

我向来都是很胆小的人，什么事情都怕，一害怕就想哭，很多事情都是一边害怕一边完成的，完成了就不害怕了。遇到新的事情又把上述过程重演一遍。我害怕过高考害怕过大学害怕过去每一座陌生城市，这些事通常不敢和身边的人说，因为害怕被笑话。我认识她们这么多年，这是第一次在她们面前哭，尽管我知道她们一直关心着我。

等我哭得差不多了，一个朋友说："既来之则安之吧，何况你还有我们。"

顺便一提的是，那段书摘后面还接着一段这样的话：除非你是和那些爱你的人在一起，只和那些爱你的人在一起——若真是这样，那你已经够幸运了，因为不可能有太多爱你的人——如果你和他们在一起，你才可以当场哭，否则事后再哭。

是的，我还有她们。书上说这"已经够幸运了"。

我在人间，有冷也有暖

小太爷

　　沙姨是我妈的朋友，家里有车，包出去跑长途的，这几年又开了旅游山庄，日子过得挺好。我妈跟她常往来，我以前上学忙，直到今年，才是头一次见她。

　　我们这边儿有一条路，叫十八弯。我自己没去过，但听说是很危险的路。冬天，尤其还是下场雪就封路的东北，司机们都会选择不走这条路。

　　偏偏这条路两旁分布着很多的人家，这些人家的孩子有的在市里上学，如果这条路上没有车，他们就只能走着去，路途十分遥远。

　　沙姨那时候是跑这趟线的，知道这个情况之后，决定冬天也走这条路。早上接孩子们去上学，晚上再送回来。

　　在很多个冬天里，沙姨家的这趟车都是唯一一趟来往于十八弯和市里的车。

　　坐车的小孩儿大多是留守儿童，家里没有什么钱。沙姨就常常不收他们的车费，只是叮嘱他们好好学习。小孩儿们跟着爷爷奶奶一起生活，老人有的时候种点葱啊蒜啊，就会让孩子带着，上车的时候给沙姨拿去。葱蒜又值几个钱呢，但这是心意啊！

　　我家这边是七八线城市的下属县，经济情况时至今日也是窘迫的。有的孩子考上了大学却拿不出学费，家长硬着头皮找到了沙姨。

"那你说，他这一进门就跪下了，我也不能不管呀。"

沙姨在当地也有一定名气，然而这名气却不是因为她有什么特别美丽的容貌或者是有出众的歌艺之类的，是因为她的善良。过年过节的时候她会给家里日子艰难的人送去米油，也常常出手帮助无力支撑孩子完成教育的家庭。

至于我妈是怎么认识她的，也是因为这个事儿。当时被沙姨帮扶过的家庭联名写了一封感谢信，送到了报社，正好就是我妈去采访的。

"要搁现在的话儿讲，给她跪下的那家多少也有点儿道德绑架的意思吧？"我妈总结道，"你沙姨不帮他们也是可以的，但是她还是选择了伸出手。外面的世界多大啊，哪里是咱们这种小地方能比得上的呢？这些孩子你沙姨要是不帮，可能就一辈子窝在山里了。"

是啊，外面的世界多大啊。

这几年陆陆续续出了不少类似于那种被捐助的人不知心怀感激，反而做出一些让人心寒的事情的报道，我看到的时候也觉得心里难过得很。有那么一阵子对捐钱这种事情也有些抗拒，但渐渐地我觉得，任何事物都有它的两面，人也一样啊！

有人见死不救，有人毁家纾难；有人高高挂起，有人以天下为己任。

就像"微笑的猫"说："这个世界上，有些人多冷漠，有些人就多温暖。"

沙姨就像我心里的一盏灯，因为认识她，我知道了这个世界上还有这样善良的人在默默无闻地做着这样动人的事情，而被她帮助的人也对她怀着那样大的敬意和感激。

她真实普通，又那样可敬可爱。

淡淡花木香

洪啸林

我修剪花木的技艺，是奶奶传授的。

每次我自夸自己花木修剪得还不错时，如果爷爷在一旁，他就会说："和你奶奶比，你学的只是冰山一角罢了。"

我必须承认奶奶确实很会修剪花木，听爷爷说，奶奶年轻时是靠替别人修剪花木过活的。

奶奶因心脏病过世的那年，我十一岁，还跟爷爷一块儿住在一个不大的院子里。院子里种着各种各样的花木，它们生长得很快，到了夏季，几乎隔两个星期就要修剪一次。

以前都是奶奶和我两个人一起修剪院子里的花木，奶奶去世后就只有我一个人修剪它们。当我满头大汗地修剪那些疯狂蔓长的枝叶时，就会不由自主地想起奶奶，她要是还活着，花木应该会生长得更好吧。

爷爷经常在吃过午饭一会儿后，躺在摇椅上，眯着眼，样子既像睡去，又像在想事情。手里的蒲扇放在衣服敞开的肚子上，不时扇动两下。

在奶奶刚去世不久后的一段时间里，有一次，我在爷爷身旁做作业，爷爷唤了一声奶奶的名字，忽又止声，然后扭过头看着我笑道："我忘了她不在了。"

不只爷爷没适应奶奶不在的日子，一开始我也是这样。清晨躺在床上，明明醒着，却未起床，心里想等着慈祥的奶奶用手轻轻地摇我，叫我起床，之后才反应过来，奶奶已经没办法再叫我起床了。

奶奶去世后的第二年，爷爷是八十八岁。那年的春季，院子里的花木都开出了颜色各异的花，空气中飘满淡淡的幽香。

在春天快要结束的时候，我和爷爷向邻居讨要了一只刚戒奶不久的小哈巴狗——它有一身雪白色而柔软的毛发和两只水汪汪的眼睛。爷爷给它起名白舟——和我奶奶一样的名字，是为了怀念过世的奶奶。

爷爷喜欢跟我讲他和奶奶的故事。在那个物资匮乏的年代，爷爷和奶奶都还只有二十几岁的时候，有一回爷爷的家里无米下锅，爷爷饿了两天，饿得连走起路来都摇摇晃晃的，奶奶得知这个消息，立马给爷爷送来了一斤米，爷爷这才不至于饿死。

从此，爷爷和奶奶就坠入了爱河。

2013年，九十岁的爷爷夜里常常失眠。我听人说数数是个治失眠的办法，就让爷爷要是夜里睡不着就数数，从一开始数，一直数，数着数着就会睡着了。之后爷爷却告诉我，他只要一数到九十就会立马想到自己的年龄，然后开始胡思乱想，更难睡去。

去年的八月份的某天，我最爱的爷爷去世了，享年九十二岁。那天我摸着白舟，不知哭了多久。

一阵萧瑟的秋风刮过院子，花木上的枯叶纷纷随之凋零。来年春季，花木会再开得灿烂，而爷爷不会再活过来了。

书上说，所谓接受，就是想起时不会再哭。随着时间流逝，我以为我已经渐渐地接受了爷爷和奶奶不在了的事实。

一个夜晚，我被噩梦惊醒，在床上坐了起来。我透过窗，看着夜空之上的繁星点点。忽然两颗紧挨在一起的星星进入视线，它们处在弓状的新月之上，神奇地组成了一个笑脸。我想起了那个"人死后灵魂会附着在一颗星星上"的传说，想起了最爱的爷爷和奶奶已经不能再和我说话了的现实，就又低声地哭了起来。

不过这一次哭完之后，我明白了一个道理：所谓接受，并不是想起时不再哭泣，而是哭泣的时候，**嘴角是上扬着的**。

有梦不觉岁月长

九 人

我们家是开家具店的，和一般人家先批发再转卖赚个差价不一样，店里的家具都是爷爷和爸爸亲自动手由原木一点点经过打磨、抛光、烫蜡等几十道工序制成的。

由于是祖传的木工手艺，慕名而来的人很多，偏偏爷爷立下规矩：一年只接一单生意，只做一套完整的家具（包括门、衣柜、壁橱、木床、桌子、椅子、窗棂等等），属于典型的"三年不开张，开张吃三年"。

我曾经问过爷爷："为啥咱家一年不多接几单生意呢？那样早就成富翁啦。"爷爷当时呷了口茶，悠悠地看了一眼收拾妥当要拉着他去逛街的奶奶，跟我说："没空。"我就乐了，这黄金屋的吸引力还是比不上颜如玉啊。

从小在木头堆里长大，我对木制工艺有一股常人难以理解的狂热，平时也喜欢刨块木头做点儿发簪啥的玩儿。可有一回奶奶碰见我在削戒指，劈手就夺下了我手里的半成品，一向满面笑容的她特别严肃地告诫我绝对不许再造。

我不解，缠着奶奶要问明白，她叹了口气："那是登峰造极的工艺啊，不再涉足木头戒指是对祖先的敬意。"我再问，就只得到一句"你长大了就会明白的"。

我一直以为奶奶那句"等你长大了就会明白的"是敷衍我的托

词，我十八岁生日那天爷爷却郑重地拿出一个还没巴掌大的小木匣子。匣子是沉香木做的，匣面上的雕花很是精美，一看就知道是出自老练的匠人之手，匣子里面是一枚木头戒指。

我不知道该如何描述那枚戒指，它的样式很简洁，没有装饰宝石也没有刻意的雕花，乍一看比木匣子要砢碜许多，但就是线条流畅，多一分则肥，少一分则瘦，让我干不出买椟还珠的事儿来。

爷爷说木头戒指是有魔力的，我以为他在打趣我，就没当一回事儿。可是自戴上戒指之后我每夜都能梦到一些不在意甚至已经遗忘了的小事，梦境清晰得我第二天起床能回忆起任何一丝细节。

甲子。

我去药店买过两次温度计。

第一次是和我们当了妈妈的美术老师一起去的，她的宝宝有点儿发烧。店员手上抓了一大把问要哪一种体温计，夹腋下的含嘴里的三棱柱形状的或者宽宽扁扁的？

我看到老师很为难地皱起眉头，最后说，每种体温计都买一根。

虽然这件事听起来显得她有点儿蠢蠢的，还有点儿败家，但是我还是觉得莫名的温暖。

反正母亲为了孩子做了那么多，也不差几根温度计。

乙丑。

我喜欢的男孩子说，他心情好的话会边蹦蹦跳跳边走路。那天我看到他走得很欢快，很想上去打个招呼。

“嘿，什么事让你这么高兴？”

就像这样平平常常的招呼，但是终究没有打成，他心情大概太好了，我跟在他的后面没来得及赶上他的脚步。

不过想到他心情很棒，我的心情也跟着明媚起来。

丙寅。

老妈说我像上世纪七八十年代的人，一点儿都不像一个正儿八经的九零后。

满大街都在为小脚裤热血沸腾的时候，我连把校服宽大的裤管裁细一点儿都不肯，还特别迷恋早八百年前流行过的喇叭裤的样式。

我一点儿都跟不上潮流的节奏，可是那又怎么样呢。

就像我那么那么喜欢阿桑，哪怕你们连听都没有听说过她，我依然觉得她的声音美到让我想不出妥帖的形容词。人生啊，多多少少还是应该过得自我一点儿。

丁卯。

我喜欢的那个男孩子一时兴起找我讨要我写的小说看，我兢兢业业地整理了一晚上文档，把所有稿子都重新修改一遍才敢发给他——简直比投稿时还要用心。

可是他大概不知道，在QQ上接收了文档的话，发送人是会收到提示的。我发了十多篇，可是只收到一个"对方已接收文件××"的提示。

是我发得多了，还是他觉得我写得太糟了？心里有点儿闷，就好像平整的纸被人捏皱了一个角。

戊辰。

我出门去超市，碰见一个年轻妈妈拉着她的女儿过马路，想起当年我像小女孩儿那么大的时候老妈一边拉着我走路，一边教我读ABCD。当时我的脑子跟糨糊一样，光顾着看车水马龙，怎么也学不会，老妈还是很有耐心地一遍遍教我读。

我从年轻妈妈身边经过的时候听到她微微俯身对她女儿说的话："除了阳光和空气，其他的一切都必须拿劳动去换。"

当时我多想接一句，不用拿劳动去换的，还有你对她的爱。

己巳。

我一度很迷恋听午夜的电台，听一些纵使遗憾存留依然温情的抑或是虽然错过但还是向往未来的故事，主持人的声音在静谧的午夜有说不出的安定人心的魔力。

惊喜的事情是，前一天晚上我在电台听到的很喜欢的一篇故事，第二天居然就误打误撞地在新买的书里看到。

难道还有比这更幸运的事？所有的相遇其实都埋好了伏笔。

庚午。

英语老师在教我们救护车的单词ambulance时给我们讲了个故事。

一位老汉出国探望儿子，没想到刚下飞机就犯了心脏病。想到自己还没有看到儿子，他心有不甘地哀嚎"俺不能死"，那么巧地读音刚好和英语的救护车同音，就此得救。

同学都在笑，我却有点难过，一个连help都不懂说的老人家，是存了多么大的勇气才能独自一人买票独自一人坐飞机独自一人抵达异国他乡？

古人言："父母在，不远游。"

辛未。

我熬过很多夜，听歌看书写小说。我也被迫参与过很多次课堂小测，零分鸭蛋不及格。

后来有一天，我在夜里听歌写作业背单词，第二天的课堂小测就拿到了这学期以来的第一个"优"。

读书从来怕晚不怕早，成绩不好的话，够不够努力只有自己最清楚。

壬申。

我记得做过的一篇英语阅读上说，悲观的人生态度也不一定是坏处。比如你考差后，心里积蓄了满满的负能量，这时反而会开始更用功地读书。

《尸语者》顾名思义，是有关法医解剖尸体借以破案的一本书，我用一个下午看完，感觉价值观都有点儿被颠覆，然后就忽然觉得活着就已经是这世间最大的馈赠。

后来发现蔡健雅的一首歌和这本书的书名同音，是我喜欢的闲散随意的音律。

"我嘲笑着失败者，是眼睁睁放手的。"

癸酉。

《50 Ways to Say Goodbye》这首英文歌最通俗易懂的翻译是"前任的五十种死法"，大概作词者当时是刚失恋不久，正痛不欲生吧。

唯一能肯定的是，作词者虽然口口声声地咒着前女友出意外，但是心里却从未舍得。

我们只考虑分开对彼此都好，从来没有想过，如果在一起，对两个人有多好。爱情是喜欢误点的航班，一点点风霜雨雪就要延期起飞改签机票，可是啊，只要你愿意等，它总会到来。

该在一起的人，也总会有在一起的一天。

甲戌。

大概是时代在进步，不说手机款式琳琅满目，各种软件研发公司层出不穷，连同一款游戏都分1.0、2.0、3.0……

但是玩来玩去，最后我还是喜欢《消消看》和《黄金矿工》，我们班一直走在时尚最前沿的女同学，手机里的游戏也依然是《连连看》。

所以，不止我一个人有这种想法吧，大抵人类都是怀旧的生物，这样想想就忽然觉得满是温情啦。

乙亥。

过年时总能看到各路平常不怎么碰面的亲戚，以及他们带来的一票小屁孩儿。我一贯是不喜欢去同大人寒暄应酬的，于是照顾小孩子的任务一般都会落到我肩上。

我拿手机看短信，小女孩儿就忽然抬头冲我嚷嚷："你不要拍我！"我觉得自己似乎被当成变态偷拍狂，瞬间有点儿慌，把手机亮给小女孩儿看："我是在看信息，没有拍你哦。"

小女孩儿抓着手机看了会儿递回给我："那你给我拍一张吧。"

嘿，小孩儿，有没有人告诉你，你镜头下blingbling的大眼睛真的超级可爱！

木头戒指带来的梦境真的普通又平凡，它什么都没干，只是教会了我要对这世界满怀善意。

就算被辜负，也要记得有太多良善的人一直在善待他人。

我明白了奶奶说的不再造木头戒指是对祖先的敬意是什么意思。因为啊，木头戒指是真的有魔法的，那是一个工匠倾尽毕生心血铸就的结晶，无法超越，唯有保持。

小巷幽兰

邹艾彤

从家到学校的路是一条小巷，从学校到家的路是一条小巷。每天我从小巷走过两次。

小巷两旁是稀稀落落的店铺和稀稀落落的小摊，无精打采的店主和摊主在那里漫不经心地招揽顾客，还有两个站在街角的老联防队员，还有一个牵狗的老妇，还有不知哪里传来的二胡声……

每天清晨，我都无精打采地从小巷穿过，一直走到校门口，直到遇见三五成群的无精打采的同学，然后一起走进教室。大家都呵欠连天，无精打采地翻出书来，开始上早自习。

今年夏天分外地热，窗外的柳条杨枝仿佛是钢铁浇铸的，纹丝不动。思维已经被酷热融化，我透过眼镜，毫无意识地看着汗流浃背的老师在黑板上拼命地写着永远推导不完的公式，感觉到汗顺着头发根流到后背，心里抱怨着明天补课的老师。

傍晚的小巷似乎少了好些小摊，一分利超市的秃头老板像看透了我的心思一样，对着空气高声吼着："天太热呀！摊儿都不出了！"我瞟了一眼他灯泡一样的头顶，心里想着怎么推辞掉晚饭，怎么才能不让老妈唠唠叨叨。

我渴望着改变，渴望着跳出这一成不变的生活，眼睛越过屋顶，远处朦胧的鳞次栉比的大厦让我的思维活跃起来，我似乎又感受到了久违的快乐，幻想着自己也会是《生活大爆炸》的主角，用高谈阔论主宰周围的世界，直到一声惨叫惊醒了我。

我踩到了老妇的狗。以前我从没认真看过老妇和她的狗，虽然每天都能看见她们两次，可直到今天才注意到这是一只小蝴蝶犬，现在它缩着左前爪，哀哀地叫着。老妇狠狠地盯着我，花白的头发，脏兮兮的花衬衫。我嗫嚅着："对不起，老奶奶，我没看见它。"

老妇没有理我，直接弯下腰拍着小狗的头："没事吧乖乖？"小狗起来走了几步，一瘸一拐的。老妇牵着绳子走，也是一瘸一拐。我心里歉疚，跟在老妇的后面走，盼着她不要找学校，找家长。

老妇走进了小巷一侧的胡同，在一堆破烂前停了下来，不停地翻动着，我在后面呆呆地看。终于老妇翻出了一瓶脏兮兮的红花油，拧开盖子往小狗前爪上倒，小狗奋力地往后躲，哀嚎得更厉害了，老妇不断地骂着。我忍不住冲老妇喊："奶奶！狗闻不了那个味儿！"老妇一愣，像自言自语一样说，那咋办，那咋办。我又说，我舅舅是兽医。老妇喊道："你走吧！"

我跑了出来，秃头老板正在跟卖西瓜的下棋，冲我笑了："小子！别理她！"我回了家，老妈已经把热的饭菜准备好了，我根本不想吃，想了半天理由，最后鬼使神差地跟老妈说起了今天的事。老妈哦了一声："她呀！知道。吃饭。"

我不想吃饭，便一个劲地问老妈关于老妇的事。老妈说："她姓于，八几年改革开放，她可没少折腾呀，从你爷爷那个厂子辞职，倒腾衣服，发大财啦。后来是什么来着？合资办厂吧？被人骗了，一分钱都不剩呀，精神都不好了。"

早上我继续无精打采地穿过小巷，路过堆着破烂的胡同时，看见那堆积如山的破烂上面摆着一盆兰花，在一片灰暗中闪耀着高贵的墨绿，娇艳的嫩黄星星点点。

以后的日子里，我总是看见老妇一瘸一拐地走着，翻捡着路边的废品，不时地挑选着，塞进肮脏的编织袋。那只蝴蝶犬活蹦乱跳地在她周围转，她时不时地往回牵着绳子。立秋那天，老妈要包饺子，我去秃头老板店里买醋，秃头老板冲我神秘兮兮地说，老于太太唠叨你踩她狗，唠叨几个月了。我问，那个老奶奶以前真有钱吗？后来被人骗了？秃头老板说："对！这老于太太喜欢狗，那个年头儿拿钱办什么流浪狗收容站，结果被合伙人把钱都骗走了。她就这样还自己撑了好几年，最后是倾家荡产，连个家都没有，惨哪。"秃头老板直摇头，仿佛为了配合这段历史，表情无比沉痛，仿佛忘了俩月前还教育过我不要理这个古怪的老妇。

难以想象，一位年轻时以照顾流浪狗为志向的人，年老昏聩到用红花油给狗治病。看着老妇蹒跚而行的背影，不谙世事的我，居然心头涌起一股苍凉。

立秋后的一天深夜，一群喝醉的人路过小巷，一个人顺手将烟头弹到了那堆破烂里，燃起了大火。邻居们惊醒，急忙敲老妇的门，老妇出来后，不顾一切地要去抱下那盆兰花，却脚下一滑，摔倒了，磕伤了后脑。我去了胡同，焦黑的残骸边上，是破碎的花盆和蔫弱的兰花。再过了几天，老妈说："老妇去世了。"

深秋的早上，我穿过小巷，看见那只蝴蝶犬，在寒风中瑟瑟发抖，脖子上依然是那条绳子，脏兮兮地在地上拖着。我捡起了绳子，把它领回了家。

现在，我每天穿过小巷，在学校里认真听完所有老师的课，再也没有无精打采，因为等我再次穿过小巷回到家门口的时候，一个欢跳的小小的身影在等我……

天 蓝 时 代

梁玺煊

　　有人说："记忆是活在这个世界上最宝贵的财富。" 回忆折射了你的一生，却有可能也是片面的人生，我们或许不记得完整的事情，却对于其中的细枝末节有着清晰的记忆，而往往正是这些细节，才是精髓所在。生命不息，每天都是不一样的旅途；漫漫长夜，足够去品味。年轻时，我们制造回忆；等到年老，我们消费回忆。

　　还记得那个清冷的冬天，天空灰蒙蒙的，我去送一个出国的初中同学。朋友叫小朴，总是憨憨的，以一个老好人的姿态面对我们，平时他没事就装深沉，仿佛明天就是末日的样子。

　　清晨七点，下起小雨，寒意十足，我赶到了机场，人不多，气氛冷清得让人感伤。送机的几个朋友也已经到齐了，小朴站在中间，肥胖的身躯不再滑稽，我们笑他庄重，他第一次没有反驳，只是笑笑。大家没话找话，仿佛离别不会到来。

　　"前往美国洛杉矶的旅客请注意，现在开始登机……"广播忽然响起，所有人都猝不及防地迎来一阵沉默。

　　"走了，哥儿几个。"小朴露出他那标志性的憨厚的笑容，我们一阵沉默。

　　"怎么了，走吧走吧，别碍我眼，看着烦。"小朴打趣，我们一阵沉默。

"朴儿，好好的，过去了别老欺负美国佬，想我们了就打电话。"

小朴一阵沉默。

身旁的小A快要忍不住泪水，略带哭腔："我们可二十四小时开机等着你啊。"

小朴又笑了，眼圈泛红，嘴唇动了几下："之前每一天我都在想这一刻的情景，世界末日也不过如此了吧，这么多年，就你们几个朋友了，要走了，说实话还真有点儿舍不得。"小A不再忍住哭声，我也临近哭泣边缘，就在下一秒，六个人不约而同抱在了一起……

在最迷茫的清晨，我们各自迎来了生命里的第一场离别，草率而庄重。小朴慢慢走向安检口，他的背是那么宽阔，却载不住友情的羁绊；他的脚步是那么稳健，却还是在走向离别……

过了很久，在某个月明星稀的夜晚，我突然想起了这一幕，没有犹豫，拉开柜子找到了尘封多年的信纸信封，就这样，我写了我人生第一封寄往大洋彼岸的信。信里是这样写的："你看透世人的庸扰，时而不屑，时而执念，时而怀恋。你手心拢起的梦想撒向天地变成雨雪，变成每个人眼里的彩虹。"

而时隔多日，我也依然记得我第一封来自大洋彼岸的回信："寒风从另外一个地方把生命吹醒，你的眼睛看见其他的黎明。"

我们总在回忆里徘徊，有些人徘徊着逐渐失去自我，轮回在过去不断挣扎，有些人从回忆里汲取力量，把回忆当作充满希望的热气球，然后平稳地降落在未来。回忆着，回忆着，你会微笑，你会哭泣，你会歇斯底里，你会萎靡不振，但你永远不能停下。记忆应该是我们力量的储备箱，它从心底里促使你前进，不留遗憾。就像每每我在生活中不如意了，我总会想起小朴的坚强，陌生的环境陌生的人，自食其力独自强大，兀自生长，悄然绚烂。

尽情享受回忆过后属于你自己的天蓝时代吧！就像《萤火虫》里说的：永恒是照耀过这一秒的时间。于我而言，记忆就是永恒。

你好，清华路 156 号

　　还有现在已经很厉害的洪夜宸，已经是我学长的马佳威，永远元气满满的骆阳同学……《中学生博览》上那么多作者，每次看到他们，我就觉得，青春永远不会走远，文学永远不会老去。

　　而《中学生博览》，永远是我们的母刊。

你好，清华路 156 号

莫小扬

夏天过去一半的时候，我到了长春，想看一看陪了我那么多年的《中学生博览》杂志社。

在杂志社大楼前，我拿出手机拍照，那是我曾幻想过无数次的动作，如今终于成为现实。围姐和照片里一样漂亮，她带我走进了那栋传说中的绿色小楼，和广丽姐碰了面，后来语嫣姐帮我和围姐拍了照片，上传之后春艳姐在空间评论说："哎呀妈呀。有我的道具，没有我。"对呀，没有碰一面多么让人遗憾。

杂志上的那些小段子都发生在这里，一切似乎陌生却又让人感到熟悉。我望着办公室里一盆盆的绿色植物，围姐说她买了《诗经》来看，打算给它们都起一个动听的名字。这大概就是生活的艺术吧——生活本身是乏味的，让它充满灵气的只能是我们自己。

而相聚总是匆匆，回到家后，我打开手机相册又看了一眼在杂志社大楼前拍的照片，目光触及到"清华路156号"的门牌时，才猛然觉得几天前发生的一切真实而又梦幻。

这个我在明信片和信封上写过无数次的地址，如今终于成了我切切实实到过的地方。

一晃眼，《中学生博览》走进我的世界已经六年。

刚认识《中学生博览》的时候我才上初一，在学校图书馆的偶遇，牵出了日后剪不断的缘分。那时候的《中学生博览》还很小巧，在课上偷看特别方便。那时的文章和现在的一样弥漫着青春的气息，我就是在那时候知道——原来哪怕平凡如我，也有机会发表自己的文字。《中学生博览》让无数人拥有了文学梦，而我有幸也是其中一员。

那年，B版的封面是画儿晴天笔下的小清新童话，元博姐还没离开，落小单写了一篇关于易拉罐的文章，迟雨落是我最喜欢的作者。

就在那年，我有了梦，一如北岛说的"关于文学，关于穿越世界的旅行"，那时，我还不懂爱情。

我大概并不是很有天分的作者，从初中就开始写稿，最兴奋的一次是元博姐偶尔发了一次过了初审的文章标题，而我发现自己的稿子也在其中，只觉得自己离梦的实现更近了一点儿。只是初中几年，我终究没能过稿。再后来《中学生博览》改版变成大本，我最遗憾的事情莫过于没能在小本的《中学生博览》上留下自己的笔名。

一直到高一，我终于过了自己的第一篇稿子。我一直觉得这篇最短的稿子里承载的东西却是那样的多，每每想到这篇稿子，我总能回想起有关这个故事的岁月，还有过稿时的那段日子。

我一直都记得看到过稿时的心情。那时高一刚刚开始，文理没分班，在一个注重理科的学校里，我学得不好的物理化学让我痛苦。那时候我觉得自己的人生里都是黑暗：爸妈不懂我关于文学的梦，没人觉得谁可以靠文学过一辈子。我喜欢文学，却又觉得迷茫，怀疑自己是不是真的毫无天分。而围姐发的过稿通知像是暗夜里的一束光，让我看到了希望，让我有了那么一点儿底气，告诉他们文学是我的梦想。

再后来，我因为一则对我稿子的短评开心了一整天；我终于实现了自己在《中学生博览》的终极梦想——踏上了红人馆；我写下关于猫空的故事，让一些人和我一样爱上了这个充满文艺气息的地方……

而那段写稿的日子，现在回想起来那么干净纯粹，像是盛夏大雨过后的蓝天，处处透着美好。有时候在课上突然想到一个故事，就立马偷偷在草稿纸上写下几个关键词。在学校没有电脑手机，于是在自习课上挤出时间在本子上写下一个又一个故事。写完之后给好友看，她们会很认真地在文章下面写下建议和读后的心情，我反复琢磨之后再修改，期待着回家后把它们打入电脑里。毕业后我翻开那些本子，上面的字不似如今，而从未改变的是我对文学的爱。

就像去年冬天我在日记里写的：它是电，是光，是这么多年来一直陪在我身边的东西。有了它我才觉得自己并非一无是处，我的未来也离不开它。

"我爱你，我早就知道。我原来这么爱你，我现在才知道这个。"笛安在《告别天堂》里这么说着，这也是我想对它说的情话。

也是这段漫漫的投稿路，让我开始相信：怀揣着爱坚持走下去，总有一天会收获春暖花开。

我是一个慢热的人，所幸《中学生博览》让我认识了他们，他们陪我度过了那段青葱岁月，这是我最大的幸运。

仍记得围姐给我寄样刊的时候在里面夹了一张贺卡，我嘚瑟地拍照发到空间里，大家都感慨果然围姐的字美哭了。没有贺卡的时候围姐也会在杂志内页留言，一开始我还没意识到，后来有一天偶然发现，一下子翻出了所有样刊来寻找那些话，找到之后就翻来覆去地看，直到每一句都刻在心里。高三之后没空写稿，只能偶尔写信给围姐，有时候会很难过地想杂志上都没有我的稿子了，却又意外地发现自己写的信被刊登在了页边，瞬间觉得之前的小郁闷一扫而空——从未离开《中学生博览》的感觉，那样幸福。

刚过稿时认识了艾汀医生，一直到现在我还羡慕着那会儿的他：在厦门度过了大半个夏天，在鼓浪屿的店里打工，看人来人往，听潮起潮落。拥有说走就走的旅行，上午和我提了句要来无锡，我还没反应过来，他晚上就到了。我们一起去爬惠山，我累得气喘吁吁，还得他拉我一把，从此以后难逃被他嘲笑的命运。遗憾的是现在的他已经不再写稿，记得那年他寄来在南京夫子庙写的明信片，祝我一年后高考好运，考完一起出去旅行。现在我高考终于结束，大概是时候联系他，问问什么时候一起去远方了吧。

若宇寒是在看到他的文章之前就知道的笔名。原因是一次乌龙事件：《听》投稿之后收到了围姐的回复，而那时候围姐就迷糊地把我当成了写《遮》的若宇寒，再后来我看到《遮》，只觉得能把关于亲情的小说写得那么好的人真了不起。很久以前若宇寒来无锡主持活动，我们约了个时间一起吃饭，谈天谈地谈梦想，我常常想：于他而言，梦想应该永远都不止是说说而已吧。他在全国各地都留下了自己的身影，一直充满正能量，让人佩服得不行。

还有现在已经很厉害的洪夜宸，已经是我学长的马佳威，永远元气满满的骆阳同学……《中学生博览》上那么多作者，每次看到他们，我就觉得，青春永远不会走远，文学永远不会老去。

而《中学生博览》，永远是我们的母刊。

035

寻找独立书店

愈 之

"愈之愈之，一座城市最吸引你的是哪里？"

"独立书店。"

"为什么？"

"因为要找。"

是的，没有比在一座城市里寻找一家书店更迷人了。因为你要找的不仅是一家店铺，更是一种气息。

独立书店的规模一般不大，为了节省铺租，往往会躲在较为偏僻的地方，加之国人对书店不太感兴趣，能够给你指路的人不多（指错方向的倒是不少），就算有详细的地址和先进的GPS定位系统，以我的方向感，找书店是一个不断迷路却依旧美好的过程。

不知道从什么时候开始，每次出行，我都会习惯性地在百度完景点资料的同时，一并查找当地有什么独立书店，倘若某书店靠近想去的景点，它必然被列入行程之中。北京的好几家书店就是这样逛下来的，一趟北京之行，观看了首都风光，也游览了书店之美。像长沙这种没多少景点也没什么独立书店的城市，熬吧文化主题会所就成了一道风景线。

每次进书店之前，总少不了叮嘱自己行程紧迫，不要停留太久。找到该书店特有的氛围，就赶紧离开。可是，一旦开始用心感受围绕在身边的气息，便容易沉醉其中：万圣书园端庄，豆瓣书店文艺，方所典雅时尚……无一不让身处其中的我模糊了时间的轮廓。

这也是喜欢寻找独立书店的原因之一，缠绕在你身旁的是一份与店主相匹配的气质。记得某独立书店主人曾在采访中说过，如果这本书与书店的风格不相符，不管多畅销，人们都不会在店里看到它。这种魄力，是独立书店的魅力所在，它不像新华书店那样面向全民开放，它只等待与店主有着同样阅读喜好的人造访，据说很多人就是因此与店家结缘的。

渐渐的，独立书店逛了很多，真正掏钱买书倒是少。一来是在旅途中嫌重懒得带，二来是独立书店的折扣少，后者是很多书店倒闭的重要原因。记得我从中山市回来不久，朋友发信息告诉我中山的万有引力书店停业了，弄得我心里很不是滋味，毕竟那天为了去找它，我起了个大早，早餐都没吃就匆匆出门，还等了半个小时公交车。与此同时，又庆幸自己曾经在那里享受过一段惬意时光。它是至今我觉得最适合独自看书的书店，没有之一。

记得《中国独立书店漫游指南》中有这样一句话："若干年后，那些街角树影后面的一家家小书店终归会如生命一样由出生走向死亡。但我们享受了每天的日出日落，享受了每日坐拥书堆的时光，这种细小琐碎的时光，已经足够。"

是的，每一家曾经亲身寻访过其坐标和气息的书店，终会在生命中点亮一盏小灯，照亮某个值得缅怀的早晨或午后，成为光年的印记。

037

无 价 之 宝

李义锋

1

一直到成小诺的生日当天，成老诺还在忙着自己的生意。

保姆阿姨把早餐放在了成小诺的桌子上，成小诺钻出被窝握着手机给成老诺打电话，成老诺也不知道在奔向哪单大生意的路上。

被成小诺顾左右而言他地提醒了半天，成老诺终于想起来了今天是什么日子，话语里满是抱歉。

"儿子，对不起我忘了今天是你生日！"

话还没说完成小诺就挂断了电话，大概二十分钟之后，他发现自己的账户里多出了一笔来自成老诺的钱。

不用白不用，过生日去！

成小诺抱着手机开始给朋友们打电话，叫来叫去只有几个人，仔细一问才知道马小斌组织了一个郊游活动，把人都叫走了。

成小诺气鼓鼓地打出了一条朋友圈，今天跟他过生日的每个人包二十块钱微信红包，这朋友圈一发出去响应的人果然就多了。

倒是马小斌故作成熟地留了两个字：幼稚。

马小斌是隔壁班的班长，又是学生会主席，马小斌上学的时间晚了一年，和同年龄的男孩子不同，马小斌已经拥有了那种成熟的风度。

"幼稚又怎么样，我就是想要所有人都来给我过生日！"

2

成小诺的生日宴会变得声势浩大，在饭店整整包下了其中一层，这其中有他们自己班级里的同学，还有一些人根本就不认识。

当然马小斌没有来，马小斌没有来也就算了，成小诺的同桌方小雅也没有来。也不知道是谁说的："好像上午方小雅就跟马小斌郊游去了！"

成小诺的心里气急了，整个大堂里闹哄哄的声音搞得他头痛，老成的问候除了账户里多出了一笔钱之外再也没有。

而平日里唯一愿意对他好的女孩儿方小雅，居然在他生日的那天跟马小斌去春游了。算着路线和时间，热热闹闹地过了生日的成小诺和他的"朋友们"就在郊游回来的必经之路上等着马小斌他们经过。

当成小诺看着对面橱窗外面马小斌和方小雅嘻嘻笑笑地走过来的时候简直是火冒三丈，他一个箭步冲上去就给了马小斌一拳。

剧情没有按照成小诺设想的方向发展，那些成小诺的"朋友们"只是冷眼旁观，方小雅叫着来劝架。撕扯之间，方小雅的包里掉出来一个玻璃房子，"砰"的一声在地上发出了破碎的声音，几个闪着亮片的字还残破地躺在地上，似乎是"生日快乐"。

方小雅恶狠狠地剜了成小诺一眼，这一眼让成小诺一下子蒙了，他甚至忘了自己在做什么。两个扭打在一起的少年很快被临近大楼的保安拉开，通报给了学校。

老成是在第二天在学校里领回了成小诺，其实只有两个少年参与的战争被那个保安绘声绘色地描述成了一场声势浩大的群架。

而关于这场群架的其他参与者，成小诺死不交代，在成小诺的心里这可是关乎男子汉名声的大事。最后老成赔了许多笑脸，说了许多好话，成小诺被记了过领回了家。

一路上老成都没有说话，成小诺也就索性沉默，透过汽车的玻璃可以清晰地看到老成佝偻的背和鬓角的白头发。

成小诺好像发现，老成真的老了。

3

第一次觉得父亲老了，是在真正意义上知道母亲去世的那个时候。小时候只记得母亲总躺在床上，屋里面有股终年难闻的药味。

母亲去世的那一年他四岁。直到母亲去世那一天父亲依然平静地哄他睡着，可能是因为那个时候他太小，他对父亲的"妈妈藏起来等着你醒来捉迷藏"的话深信不疑。

从那以后，成小诺常常就在大街上四处张望，一回家就在柜子里里里外外地翻上两遍。

也不知道是过了几年，有一天他半夜醒来发现老成就是这样佝偻着背坐在窗户边上，似乎是在哭的样子。成小诺悄悄地爬起来钻到老成的身边。

"爸爸，你怎么了？"

那天天亮的时候成老诺把他带去游乐场，里里外外把所有的项目通通玩了一遍。到了晚上的时候，爷俩儿来到了郊区的公墓。

"你妈妈其实藏到星星上去了！"

"你好幼稚啊爸爸，我早就知道是怎么回事了！"

那天老成一副受了惊吓的样子让成小诺特别想笑，倒是老成抱着他久久都没有撒手。从那一刻开始他就知道，人生这条路需要他们爷俩儿来相依为命了。

事实上，成老诺和成小诺相安无事地过了十六年，但是一个叫做青春期的鸿沟拉开了一条分界线。成老诺为了带给成小诺更好的生活一直忙着自己的生意，甚至成小诺都不知道自己的家里现在到底有多少钱，只知道他的零花钱由够买一个五毛钱的棒冰，到足够在过生日的时候请一些所谓的兄弟在本地最好的馆子里毫无顾忌地吃上一顿。

　　但是他已经不记得有多久没有和老成好好地吃上一顿饭了，这一次说他生马小斌的气好像也对，说是他故意引起老成的愤怒，好像也行。

4

　　可是出人意料的是，老成这一次没有"竹笋炒肉"，连骂一句都没有。

　　老成好像不那么爱出差了，可是却仍然早出晚归，每天最常做的事就是在客厅里对着一堆文件叹气。

　　已经入秋的天气越来越冷，成小诺不再跟他的"朋友们"厮混了。有时候老成没有回家，成小诺就绕着家门口的马路闲逛。

　　马路旁长满了白桦，在路灯下把影子拉得很长很长。已经入秋的季节，一些南迁的候鸟留下了些空空的巢穴。

　　他低着头踢着脚下的石子，突然觉得成老诺的影子和桦树的影子并排融到了一起，不知道什么时候老成站在了他的面前。

　　他哑了哑嗓子，叫了声爸。

　　"回家吧！"

　　回到家的时候成小诺在自己的屋里面坐了半天，看到屋外面没有了动静就蹑手蹑脚地闪出门来，他要搞清楚这一切是怎么回事。

　　成小诺悄悄地打开了成老诺的公文包，一打开公文包一张文件的大标题狠狠地撞进了成小诺的眼睛里：企业破产金融报表。

　　成小诺的手指头一个哆嗦，公文包差点儿掉到地上，匆匆忙忙把包放到原位，逃也似的回到了自己的房间里。

　　真是没想到电视剧里的事儿居然发生在了自己的身上，老成居然这样破产了。

5

得知家里破产了之后，成小诺开始养成了写日记的习惯。每天晚上看着成老诺在桌子前面写写算算，成小诺就钻进被窝，摊开自己的小日记本，开始唰唰地写。

他觉得自己应该想个办法让老成高兴高兴，就在这个时候篮球特长生的选拔赛开始了，在这场选拔赛里获得优胜的同学有机会被重点高中破格录取。

成小诺一拍大腿，这看起来是个好机会，目前的当务之急是找到一双漂亮的战靴。

家里破产的事一定不能被同学知道，这一次出战这么重要的选拔赛，他必须得选一双漂亮的战靴才行。

如今不能依靠老成，生日得到的那笔钱又被挥霍一空，想来想去就只能去专卖山寨的下河街来淘宝了。

班级篮球赛的第一场，对战的就是马小斌的班级。他带着点儿忐忑的心情亮出了自己新买的战靴。选拔赛上都是强手，成小诺虽然打得吃力，却也渐渐进入佳境。

成小诺一个趔趄摔倒在了地上，"战靴"的气垫整个飞了出去。

没了篮球鞋，自然不能再上场，他像一个斗败了的公鸡一样坐在候场区，一直到比赛结束，一群男孩子嘻嘻哈哈地围拢上来。成小诺垂头丧气地把头低下来，却突然被成老诺的大手一拍。

"你这个小鬼，鞋都穿错了吧！"

成小诺从这个角度看成老诺，似乎周身都包裹着一身金黄的阳光。看着同学们一副摸不着头脑的样子，成小诺狡黠地冲着老成做了个鬼脸。

　　偷看成小诺日记的这件事老成率先作出了检讨。

　　而后成小诺也对自己的错误进行了诚恳地反省。

　　与会双方的成老诺和成小诺先生达成了友好的共识，青春期里，在那些虚荣、懵懂、敏感、冲动的作用下，几乎每个准备长大的孩子都会做些傻事。

　　这样想来成小诺的心情好像没有那么沉重了，反正成老诺保证不用两年他就会东山再起。

　　他好像真的像成老诺说的那样准备好长大了，即使成老诺没能东山再起也不要紧。

　　终有一天他会长成一个能保护成老诺的那种很厉害的大人，然后带着已经白发苍苍的成老诺一起散步看夕阳。

　　漫长的时光里，他们一直都是彼此的无价之宝。

终 将 抵 达

凌 乱

韩寒说他在十八岁时第一次远行，背起行囊，只身从上海到了北京。在北京，他并没有靠文字获得多少报酬，却找到了更适合自己的事儿——赛车。大多数人在十八九岁开始远行，用十几年积攒的孤勇和信念，交换一片自由的天空。于是有了父母和老师焦灼的目光，有了高三夜里彻夜不熄的灯光，有了高考考场上因为紧张而变得汗涔涔的脸庞。当然，这一切都只是咬咬牙就能吞下的焦糖，过后我们甚至甘之如饴。我的远行就开始在高考结束后的明媚夏天。

生活不会因短暂的喧嚣而颠覆过往的寂静，所以印象里的家与家人一如往常，安静得像没有波动的小河，薄白流蓝的天空下重复着安宁单一的生活。不知梦游到了哪个年纪，可能是咿呀学语的孩童时吧，家乡那条有点儿破旧的街道上，传来了熟悉的每到春冬就扬起的呼呼风声以及姥姥对姥爷说话的声音，姥姥说："你骑快点儿，玥玥该饿了。"我顿住了脚步。

这可能是一场梦，或是一段乱了阵脚的回忆。印象中的下一幕，就发生在我懂事后的某一天——我从学校回来，看到姥爷喝得酩酊大醉，正拎着酒瓶，像疯了一样对着姥姥嘶吼着什么。姥姥是静默的，坐在床头一言不发。姥爷见不得姥姥无动于衷，丧失理智地将瘦弱的姥姥从床上一把抓起，扔向墙角。嘴里不住地骂着，还扬起了拳头。我站在门口，被吓呆了。我本能地冲向姥爷，紧紧抓住他的衣角，姥爷回头看了我一眼，眼里再不是往日的疼惜，甚至一把将我甩在地上。我哭得声嘶力竭，嗓子都哑了。而我曾经最最尊敬的姥爷，在那一刻，将重重的拳头狠狠地砸向孱弱的姥姥，然后摇摇晃晃地转身，碰倒了茶几上的鱼缸，美丽的鱼儿在地上拼命挣扎。在我起身的瞬间，一只金鱼被姥爷踩得血肉模糊……

姥姥跟我说起她的过去，她说她曾经是地主家的大小姐，她说她也曾经是无数少爷们爱慕的对象，不知怎的就选择了姥爷。我替她难过，她却说你姥爷不喝酒的时候其实挺好的，她说你姥爷这辈子没真心疼爱过几个人，怕是最疼你了。

如今十几年过去了，姥姥和姥爷早已不是夫妻。在我的升学宴上，姥爷甚至又一次喝得酩酊大醉，但这一次，他没有耍酒疯，他借着酒劲儿对我说，玥儿你终于要上大学了，我终于活到了这一天。我在那时想起了姥爷用他买酒的钱给我买的洋娃娃，他蹲在地上亲手给我剥好的一粒粒的瓜子仁儿，他在我住院的时候心疼得老泪纵横……这一次，我没有想起那条金鱼，也没有想起自己曾经那么恨他。

不敢设想那一天，最亲爱的人一个个离开，带着牵挂离开，留下的只有脑海里的总是不断回放的他们的好。原来远行不只意味着崭新的开始，还意味着告别，告别你的家乡，可能它很小，可能它破旧；告别你的家人，可能他偏激，可能他暴躁……当你再次回来的时候，你会错过很多不愿错过的东西，但是你依然要离开。

离开的时候，姥爷没有到机场送我，他说他年纪大了，不想去那么吵的地方。我默默点点头，想象一下姥爷如果来送我了，他会说什么，他可能什么都不会说，只会在我走进登机口的时候默默回头，他不会跟我挥手作别，但他转过去的那张布满皱纹的脸上，一定泪流满面。

有时觉得文字的力量无穷，能写尽人心；有时又觉得文字太单薄，抒发不尽人性。于是我们选择远行，在脚步的移进里记录过往，在路程的更迭中把自己送向远方。

他的根深深扎在故乡田间小路的泥土里，但他毅然选择远行，他是顾城。他说他要去寻找属于自己的天空。那是他当年的模样，宽阔的前额，两道三角眉，忧郁的大眼睛，挺直的鼻梁。还有一袭白衫，一顶白帽，坐在风里，身后是深蓝的天空。

他走出家门，来到的便是深爱的自然，这个得以承载他情怀、分享他忧郁的地方。也正是因为这样的他，他的少年时代才与诗结缘。他在农场放猪，一边看着那圆滚滚的动物，一边仰望流动的白云，起兴之时，拿起枯枝在沙地上写：黑夜是山谷，白昼是峰巅。睡吧，合上双眼，世界就与我无关。写得酣畅，父亲来到身后，对他说："我们放的猪不知去向了。"

就是这样一位天才诗人，终于也选择远行，来到与世隔绝的新西兰激流岛上，过着平静的日子。他像是一只游离在海岸上空的鸥鸟，带着特立独行的寂寞与超脱世俗的情怀。然而，他的不愿与柴米油盐为伴的灵魂最终枯萎在激流岛的上空——那片回荡着阵阵诗意的上空。妻子谢烨生前曾这样说：上天只在极少数人心里保持了通往天空的道路，在你被声音遮蔽的隐秘的台阶中，你知道穿过这片喧闹会有怎样的寂静。

他拥有如此自由的灵魂，我想，枯萎掉的，不过是他失根的生命。在远行中，他依旧寂静飘摇，将他三十七岁以后的生命无限延长。

比起诗人的大江大河，我们不过离家数月，却也百感交集，深有背井离乡之意。作为一个土生土长的北方人，从孩童起就对南方有无限憧憬的我，终于在上大学时如愿以偿。南方，这个让我觉得念起来都无比斑斓的词汇，终于被挂在嘴边，南方人，南方菜，南方的房子，南方的天空……生命的精彩之处就在于它不让你重复过往，只不断为你注入新生。它给你热泪盈眶，也给你悲喜交加，它给你带来无尽可能与无尽惊喜，它总是在不断提醒你，去吧去吧，远方有光芒。

我们不会为难自己去迁就一场远行，因此我们会为之付出，去交换一份与梦想契合的现实。努力过了，所以如愿了。

如今我们站在朝阳上，终于抵达。

你说你喜欢大城市

左夏

你说你喜欢大城市，你说那里繁华如织，充满着无限的可能。

确实。

北上广深，哪里都是人，哪里都是灯光和人声，走个广场都是摩肩接踵，望不见星光的水泥森林，日夜不分。不像你我现在居住的这个小镇，节奏是慢的，水是清的，交通不便捷，经济不发达，山水很美，游客很少。即使是在市区，也只是稀疏的几个人在那闲逛，依湖而建的星湖广场，背后大片的绿水青山，都像是你自己的，出门看的是景，不是人。

然而在你眼里，这些山水风光却代表着封闭和落后，你说你不愿被小镇束缚固步自封。于是你初中刚毕业就辍学打工，毅然决然地搭上前往大城市的列车，雄心勃勃地要在那里拼搏出你所憧憬的生活。

人人可以造梦的时代，追梦的代价并不高昂，所以你热血沸腾，怀揣梦想一头扎进了前往富庶之地的汹涌人流。恰好此时微信朋友圈里热转的那篇心灵鸡汤也鼓励你，"只要你勤奋，你就会成功"。

你虔诚地期待繁华如梦的城市即将给你带来的无限可能，却根本没有准备好迎接随之而来的迷惘和被现实磨得锋利的生活。

做过销售，卖过楼，送过快餐，当过保安，摆过地摊儿，发过传单……你变换不同的工作，却仍过着仅够温饱的生活。颠沛流离几年之后，你终于决定去市郊的工业区找一份稳定的工作。于是你开始进厂工作，住出租屋，一天工作十二个钟头，一个钟头十元钱。你就这样，开始做着机械重复、学不到新东西的工作，忍受着与这城市的高物价格格不入的低薪酬，每天两点一线、行色匆匆，来不及和谁发生故事，转身便忙乱于柴米油盐的一日三餐。

这座高高耸立的水泥森林，以它惯有的冷漠，拒绝拥你入怀，甚至于用冰冷的数字标示你的价值——你的生命一个小时只值十元。

当你每天工作十二个钟头全月都不休息才拿到三千多元的工资时，专柜里六百八十九元的名牌套装，门票两百元的标志性景点，精致小店里五十六元一杯的咖啡，一场售价四十五元的电影，其实都和你关系不大。

这繁华城市和你关系最密切的，是一个月三百元的房租，二百五十元的水电费，平价商店里便宜的山寨货，从市中心淘汰下来运到郊区低价售卖的瓜果，还有，住在隔壁的外省夫妇不买电视不买空调天天煮面一个月水电几十块，省到令人惊骇的生活。

这就是你所说的繁华城市，现在能够带给你的。

川流不息的十字路口，五光十色，光怪陆离，很容易就让人迷失方向。

但你始终坚信，自己的梦想，会在这里扎根生长。

你跟我说，黑夜再长，黎明仍在。所以，这所有的艰辛困苦，都不足以成为你归乡的理由。

你用自己的青春为这城市的繁华添砖加瓦，纵使眼前这繁华如梦似幻，但至少，你的孩子将在这繁华中成长，而不是落后的穷乡僻壤。你希望他能融入这繁华里，你希望二十年后，他将是这些五光十色的主人。

念及这些，你忽然又笑了。

神的孩子在跳舞

钟果倩

到了华灯初上的夜晚，随着气温骤降，冷冽的夜风伺机灌入人们不太厚实的衣襟，触摸到温热的肌肤，使人不禁一阵哆嗦，加快行进的脚步，留下一个更加静谧的夜晚的校园。

我十分享受这片静谧，每当漫步在夜晚的校道上，看着昏黄的路上孤单的身影，便会有一阵熟悉感袭来，让我不禁回忆起彼时高三的日子。

曾经我虽不算最勤奋刻苦的学生，但也是按部就班，成绩也能位列前茅。而进入高中后，或许因为我没能及时缓过神儿来，适应高中生活的自主性，一系列接踵而来的挫折使我在这场为大学奋斗的学习之战中，一开始便丢盔弃甲，溃不成军。高一高二两年，浑浑噩噩，几乎一无所获。

有人把课桌上的书堆得老高，制造视线盲区，只是为了蜷缩在这自认为安全的区域里玩手机；晚上熄灯后宿舍的吵闹并不停歇，手机屏幕甚至亮至天明……那时候高考似乎离我们很近，但又似乎很远。大部分的同学都还没有意识到这场千军万马过独木桥般的战争的残酷性，肆意挥霍着青春，以及宝贵的时间。我也是这其中的一员，那时老师失望、朋友嘲笑、家人焦虑，甚至我自己都不再对前途抱有希望。我的生活被筑起了一道坚固的围墙，它挡住了光，让我迷茫，我却无力推倒，

049

只能不断麻痹自己。

我们学校文科班每班六十多人，直到高三前夕，我都考着全班四十名的成绩却仍不觉得这是一个多么糟糕的状况。文科班的升学率一直不高，大多是成绩不好的人混日子才选的，连老师对我们都不抱太大期望。

快开学的时候，初中班主任提议来一次班级聚会，那位班主任是带了我们初中三年的数学老师，也是我至今印象最为深刻的老师。记得那时候我正处于青春叛逆期，经常和老师对着干，他对我最为严厉，时常在上课时当着全班同学的面训斥我，或者是请我到办公室"喝茶"。

彼时我对这老师反感无比，但如今想起才觉得我更应该感恩，感恩这样的关爱与无私教育，因为这世界上除了父母，本来没有人有义务这样对你谆谆教诲不怨不弃。聚会上，初中同学们熟悉的面孔没有多大改变，他们依旧留在本部高中就读，只有我们少数几个人来到了市一中。看着他们如今依旧很优秀而我却这样浑噩不堪，实在是很心酸，在久别重逢的欢声笑语中我悄悄地退出人群，一个人坐在角落里沉默。

许是察觉出了我的异样，或是从别人口中听到了我的近况，班主任坐到了我旁边，跟我说了一些话，大意是，初中的那个班里面，他一直认为我是最聪明的学生之一，失败为何不勇敢站起来……

当时我听到这番话，心里触动特别大，你也许会觉得这只是普通的鼓励之语，并不会让人振聋发聩，但于我而言，严厉的班主任的肯定，无疑是道发光的利剑，破开了围墙一口，让我重新见到了光明。

我突然就想起了我初三时的同桌，那个勤奋刻苦但十分内敛的男孩子，以前我心里其实不太看得起这种人的，觉得他们只会死读书，尽管他最后中考考了全校第一，因为成绩优异而有机会到省重点中学读书。而那一刻我回想起曾经他的勤奋努力，以及优秀成绩，却无比羡慕。他那种为自己的目标而不懈努力的人，其实身上一直都是闪闪发光的啊。

聚会后回到家里，我闭着眼睛思考了很久，我在心里对自己说，那就努力吧，努力改变吧，不要再这样下去了。为了自己，为了父母，为了曾经幻想过无数次的未来不再那样缥缈，拼一把！

当你的意识强大到了一定地步，行动也会跟着出发。在所有人诧异的目光中，我开始照着制订的学习计划，加入了班里早起晚归的队伍，把高中的课本重新一遍遍地翻，做大量的模拟题，上课认真听讲，不懂就问。

我们都应该佩服那些为高考而拼命努力的人，因为无论我起得多早，在冬日的浓黑天色下或是夏日的微蓝清晨里，走去教室自习时，我的前面永远都会有很多健步如飞的男男女女，不顾一切地冲向未来。无论我熬夜学习到多晚，放眼望去整栋宿舍楼，总还有那么些宿舍，窗口透出微光。而不论这样拼命的学习方法是否正确，这份勇气和毅力，都永远值得我们珍惜称道。

经过一年的努力，我的成绩进步得也算是飞速。在查到高考分数的那一天，母亲泪眼婆娑，说她不敢相信。我那次考了全班第一，是文科班里两个上一本线的学生之一，而另外一个是复读生。

051

没有任何一个时刻比那时更让我明白，努力就会有收获的意义，不管这收获是大是小，上天总不会亏待愿意不懈努力的人。

如今，我走在大学的校道上时，常常会回想起高三那年。我学习一位叫周思成的新东方老师的学习方法，集中大段时间学习，更有效率。学校周末只给高三学生放半天假，我没有像其他同学一样选择回家，而是利用那个半天独自一人站在教室走廊背书，从下午到晚上一直没有停歇，最后在校警提示的哨声中独自走回宿舍。因为站了十多个小时，腿脚又酸又麻，脚底走在路上有一种尖锐的刺痛，让我不得不踮着脚尖走，像在钉子上起舞一般，在满天的星光下。

村上春树写过一个喜欢跳舞的孩子，在夜里练习跳舞，身披朦胧月色，有如神的孩子一般。

我想努力的人都会是神的孩子，一直为自己的人生起舞。

平凡之路，为何我走得如此艰难

瑾 瑜

自上高中后，连玩手机似乎都成了一种奢侈，终日流连在题海中叹气不说，给郑娟留个好印象，也是极其重要的事。

远处的补习班，在路灯的掩饰下交织出沉闷的轮廓，生生地止步于此，发现就算流氓兔手套都温暖不了手心的一片冰凉。是天太冷了，我看着前方对自己说。

日日如此，补课老师盯着我，"叫家长""不及格""态度糖"等话语早已听得不耐烦，所以我没什么反应。

老班随手给我递了一本《中学生博览》，老实说我是欣喜的。全班八十余人，学霸和学渣成了整个班级的主导体，我就属于小透明之类的，在老师和郑娟的目光下伪装成刻苦努力的好孩子，在别的时间就像学渣一样去疯去闹，真实而快乐。

后来因为学习任务繁重，加上上补习班，熬夜熬到两三点是常有的事，我在被窝里看《中学生博览》自然会被发现。毫无悬念，一顿臭骂是理所当然的，因为我不听郑娟的话。

是什么时候决定投稿的呢？

依郑娟的个性，既然老娘养着你，你必须听我的话，违抗了我就什么都别想了，零花钱、新衣服，反正只要是自己想要的，都得不到了。

《中学生博览》里吐槽现实生活的文章不在少数，几页铅字却生生惹得我流泪，无数委屈得不到发泄，加之零花钱停止供应，我很快下了决心。

我投了爱情文，最终石沉大海。

投了篇友情文，即使编辑一再说什么"不要灰心""这稿很符合我们的风格"之类的话，我也只是一笑而过。投了两篇文章，两个月的时间匆匆而逝，发现经过时间的沉淀，我早已将稿费什么的抛之脑后，只觉得将真实的自己，将所有的不高兴，以投稿的方式倾诉给编辑哥哥听，身心轻松了大半。

回忆在这里戛然而止，因为补习班要放学了。

眯了眯刚才因为趴着睡觉而对这昏黄光线产生不适的眼睛，余光扫了一眼周围誓要奋战到两点的同学，轻挎着书包与和我一样在补习班上课的王彤彤并肩同行。

万籁俱寂，王彤彤软糯的声线显得尤为突兀："小瑜啊，听说你在杂志上发表了文章？"我的虚荣心像快溢出的沸水般，咕噜咕噜地冒着泡泡："呃，都是些上不了台面的瞎写的东西啊。"语毕，我清楚地听见王彤彤从鼻子里发出的轻哼，要怪就怪这周围的静谧，将我的苍白和她的不屑笼罩在这黑夜里，看不到边际。"这样啊，我就知道。噢，对了，听说那家杂志社离咱山西远得不行，万一是骗子呢？呵呵，傻子才会相信吧？"她过来挽上我的胳膊，在路灯的照映下我们相携而去的背影像是所有姐妹淘般亲密。我强压下心中的不适，不动声色地甩开她的胳膊。黑夜照不出我们的神情各异，仿佛刚才的谈话从未出现过。

不知道是不是巧合，我在对面的马路旁眼尖地发现了郑娟，把迫不及待演绎得太过明显："彤彤啊，我妈在那儿呢，就此别过吧。"没等她说话，我便跑向郑娟那里，像是得到某种解脱般。王彤彤心里此时此刻一定在说我很装，抑或诅咒我妈啊什么的，不过都不重要了，最起码我真的听不到。

"妈，你怎么来接我了？"平时郑娟这个时间应该在美梦中才对啊，郑娟一脸"我欠你的啊"的表情，我只觉得疲惫。

"你是不是没有认真学习？你巩阿姨家的孩子也在你们补习班，每天晚上两点多才回家！你怎么就没有上进心呢？老娘一千多块钱喂了狗了？平时写的什么乱七八糟的，都找上门来了！"本来发怒要一吵到底的脾气却因为听到郑娟口中的最后一句话突然平静下来："妈，我好累，不想跟你吵，我们回家再说好不好？"郑娟的嘴一张一合，似乎还想说些什么，但看到路上有人经过，只得作罢。

当把样刊拿在手中时，心中五味杂陈，我以为郑娟会夸我，于是美滋滋地全盘托出："我拿着哥的身份证办的工商银行的卡，熬夜写的稿子，我想向你证明我不是你口中无所事事的人。"没有想象中郑娟欣慰的眼神，取而代之的是更难听的谩骂："能耐了还？你以为你是谁？考大学比瞎写那玩意儿还挣钱？你有没有想过你妈？"最后那句话让我愣住。

"小瑜，妈对你好失望！"

我也对郑娟失望了。

我在写稿我很忙

九 人

　　我觉得我最近很穷，从物质上一直蔓延到精神上的那种穷。我跟死党说我快要穷死了快拿点儿钱来救济我，她掏遍了身上所有口袋拿出来十六块钱——上星期剩下的生活费——她这星期忘记找爸妈拿钱，就蠢哒哒地来了学校。我忽然体会了"不怕讨债的是英雄，就怕欠债的是真穷"这句话里蕴含的无限怨念，好不容易有个人可供剥削，偏偏那人瘦得比我还皮包骨。最后我掏出自己存起来买邮票用的私房钱友情赞助了死党一番，十五个一毛硬币叮咚响，可以坐一趟半的公交车。

　　作为一枚身心俱穷的吃货+书虫，没有钞票的日子已经难捱到了让我近乎精神紊乱的地步，我时不时有闯进学校对面的书店把那些小说一页页吃掉的冲动。这想法究竟表明我快饿疯了还是想小说想傻了，其实我也不知道。

　　死党作理性状分析对比了我和书店老板娘的体积，然后十分开心地冲我挥着手欢送："去吧！去吧！去抢劫书店吧！明天我就不用见到你了！"我听完后默默地拉过她插在口袋里的另一只手一口咬下去。呸，咸咸的，味道不太好。

　　×××说过，人穷志不穷，要努力做一个懂得计划花销深谋远虑的穷人。×××还说过，钱不是挣出来的，而是省出来的。我不记得这两句话是我自己说的还是从别处抄来的，我不愿意像写作文时欺骗改卷老师一样随便写个"奥西修斯"这样的名字来糊弄你们，于是只好用×××来代替。鉴于目前的我没有money可以拿来计划，为了以身作则发扬节俭之风，我只好努力地回想自己究竟把以前的稿费都花到了哪里去。

上个月看到充话费可以参加抽奖，我很开心地帮老妈充了两次话费，一次五十元一次三十，然而仅抽到一张一元抵用券……而老妈至今以为有一位神秘的好心人交错话费，乐呵了好几星期，让我不忍邀功。我只好默默把这件事情写进日记，仅供日后怀念。

上上个月想摆摆阔，怀里揣着钱带着自家小弟直奔超市。要是早知道他一进超市就像吃了炫迈根本停不下来，我是无论如何也不会在身上有钱的时候让他靠近超市半步，更不会说一些"今天姐姐买单"这样奇奇怪怪的话。可惜当初完全没有这种思想觉悟，被小屁孩儿狠狠坑了一把。

上上上个月我发现有人在学校门口半价售卖二手书，大概书的主人很爱惜书本，所以虽然是二手，书看起来依然很新。因了爱贪小便宜的性子，也因为一直喜欢看小说的缘故，我兴冲冲地买了一打又一打，把家里的小书架堆得满满当当的，以至于一不小心让老爸看见了一架子"不正经的书"，差点就起了胖揍我一顿的念头。

于是我只好打消打着失恋的幌子偷懒不写稿的念头，在穷途末路的时候拿点文字出来进行商业化活动。继续边看我的重口味恐怖小说，边写我的小清新校园恋情，嗯，穷人都是彪悍的，在风格迥异到两个极端的状态不停地来回切换，我居然至今活得生机勃勃，没折腾出点人格分裂之类的病来，生命力堪比"小强"。

在这样关乎死生的紧要关头，恰好一个在网上认识了很久的姐姐邀我一起做代购。我当然二话不说应承下来，开始在空间日日夜夜不眠不休地刷广告，然而我所想象的生意火爆拿提成拿到手软的情景并没有出现。

先是有人质疑我的QQ是否被盗，紧接着朋友们开始一排排地在我说说下方刷"盗号贼滚开"，我弱弱地解释也被当作是狡猾的盗号贼的垂死挣扎。该说当时是什么心情呢，无端地感动有一点儿，欲哭无泪有一点儿，雄心化灰有一点儿。可是啊，我说，不管怎么样我只是打了一个广告而已呐，别那么激动别那么凶神恶煞别挡我财路啊喂！理性理性你们的理性呢！

待我终于说明自己做代购的实情后，那群家伙居然一个接一个地把我屏蔽了！不说找我买点儿东西让我抽点儿提成，好歹帮忙打个广告呐，最过分的是那么几个闲过头的家伙跑来找我咨询产品，其中以我男闺密最为典型，我吧啦吧啦扯了半天后他一脸无辜地告诉我："你说得再好我也没有买的打算。"警察叔叔我要报案！他们欺骗我这种憨厚老实的生意人！让我的人生又一次满满地挫败。

正所谓巧妇难为无米之炊，我原本想卖完闺密卖死党，做苦力做长工做丫环都行，奈何我砸锅卖铁都凑不齐他们的倒贴费。不过我终于在这困顿的生活中找到了那么一点儿乐趣，这两人都被人嫌弃成这个样子呀哈哈哈。(死党and闺密："你倒贴都没有人愿意收！")

原来传说中的发传单并不能随便把一大叠扔进垃圾桶，店长只让你在她目光所及之处发放，而你递出去的传单也并不是每个人都会接。原来传说中的刷盘子并不是想怎么刷就怎么刷，主管还会检查进度和干净程度。后来我也想过，去街头卖唱拉两下小提琴，吼几嗓子嘹亮的《青藏高原》，奈何我拿来顶替小提琴的二胡拉得像锯木头，而我的歌喉啊，听起来就是不要钱要命的那种。

好了，你不要问我经济问题是否好转，我这不是已经来写稿补贴家用了吗？很忙啊。

愿我们都能被温柔眷顾

若宇寒

天气微凉，云朵匿迹。

穿着帆布鞋小脚裤，可爱又羞涩。出现在我面前的夏南年就像是从小说里走出来的邻家妹妹。坐在她旁边的是邻家姐姐倩倩猪。

初次见面，却熟络得好似老友。

文风稳健的夏南年在生活中如同所有的十八岁少女，单纯可爱，可又多了一些勇敢和坚强。用自己的稿费她去了很多城市，见过很多作者。

我羡慕她的年纪，更羡慕她说走就走的勇气。

听说能吃辣的女生都不矫揉造作，好像果真如此。

和倩倩猪虽只是第二次见面，彼此却敞开胸怀大口吃肉，大口喝酒。南年似乎被我俩影响，也打开了心扉，暴露吃货本质。

这样的感觉，真好。

突然想起十八岁时的我。脱离了书海，选择了艺考。早起练声，傍晚小课。在培训班的那几个月交了一辈子的挚友，谈了第一个女友。初恋青涩美好，挚友温暖向上。如果有时光机，我最想回到的就是那个时候吧。

那篇《何以时光陌》的小说也是那段经历所改编的。阳光煦暖的午后，总会翘掉文化课去奶茶店做兼职，在奶茶店里学会了煮奶茶、调咖啡、烤面包。认识了从搜狐离职来奶茶店当店长的静姐，认识了武大学霸情侣Eric和娜姐，认识了二次元的萌妹子草莓姐……

在Dream City的那几个月，短暂而又美好。

阴雨的午后，带夏南年逛了文艺的昙华林、汉阳造。也去了美食一条街户部巷，更是带她体验了轮渡。

我羡慕她的勇敢，更羡慕她的无所畏惧。

在分别的地铁站，我们彼此说了"一定再见"。

我不知道还有没有再见的机会，也不知道下次见面会是什么时候，我知道，珍惜当下的美好准没有错。成长很痛，成长也很美好。经历带给你的不仅是回忆，更是一份雨后的清爽。

上次和倩倩猪见面已经是一年前的冬天了。文风细腻可爱的她和我想象中的不太一样，本以为是小萝莉，一见面才发现是邻家姐姐。她告诉我她已经写了九年，从很多年前的那本《可爱少女》开始写起，我惊讶得张大了嘴巴。

在我写作的这五六年，认识了太多曾经说要一起写到天荒地老却又突然消失不见的小伙伴，随之消失的还有曾经的信誓旦旦。

写作这条路真的不容易，特别是坚持。

记得有一天围子姐在群里说：我都已经三十岁了，还坚持每天写几百字，你们还有什么理由不努力呢？

是啊，坚持两个字，从小说到大，能完成的又有几个呢。

吃饭时倩倩猪说："我写了九年也没有什么大的成绩，但我想我会一直写下去，或许在将来的某一天，看着曾经写过的那些文字，也是一种美好的回忆。不为取悦别人，只为储存记忆。"

在我写作的这几年，产量不高，质量也是跌宕不平，但总会收到暖心留言。

"知道你治愈矫情，温暖毒舌，同样也很高兴认识你。"

"从'小博'到'大博'然后是你的空间，从你身上我看到的是向上的力量。我想梦想对你而言不是说说而已。"

"很喜欢名字里有个'若'字，仿佛象征所有美好的事物。"

……

时间很残酷，岁月很温柔。正是这些暖心的留言，才让我坚持写作。脚边有风，手中执笔，心中藏爱。我想，我会一直写下去，写进你心里。

不管是夏南年的勇敢还是倩倩猪的坚持，或是你们的暖心留言。我只知道，这些都是你们给我的温暖，给我的力量。

愿我们都能被温柔眷顾，找到更好的自己。

一尘不染的少年真心

　　如果你还在十六岁，我想告诉你，不要着急长大；哭泣的时候，也不要再隐忍克制。因为每一粒眼泪都是钻石，都是青春千金不换、一尘不染的真心。青梅已逝，竹马已老。只是，从此我爱上的人，都很像你。

忧郁的你，有谁会懂你

zzy 阿狸

1

语文老师老彭是一个挺着啤酒肚、常年理着平头的老头。他不爱搭理人，不苟言笑。我记得的除了他那总是让人昏昏欲睡的课堂外，便是他要求我们写日记。写了还不行，还得按时交上去批改，偶尔他会言简意赅地点评一两句，被写上了评语的日记就像士兵得到的勋章那么耀眼。

年少时那种渴望得到别人认可的心理，让我们对他的批改充满了无限期待。

自习课。当课代表把日记本扛回来后，我们的心思便不在习题上，心跳莫名地加快，又紧张又期待地等着日记本被发放回来。接过日记本后，仔细翻看每一页，生怕错过了老彭留下的评语。若是有，便兴奋得像中了彩票似的，反反复复看几遍都不够，还要压抑着内心的狂喜把它拿给小伙伴看，假装看不懂老师的字，其实谁都心知肚明，那是赤裸裸的炫耀。

若是没有，心里便会空落落的，怀疑是不是自己写的日记三观不正。

第一次在《中学生博览》上发表文章的时候，我在杂志摊上激动得快把杂志给撕烂了。那天晚上我啥也不做，用了两节课时间写日记。虽然那篇文章写得无比矫情，特别稚嫩，但那篇日记我还是写得热血澎湃，字迹潦草得没法看。

那是我幻想症最为严重的时候，满脑子想的都是高尔基发现了一个才华横溢的少年后，压抑住内心的激动，轻轻地拍了拍他的肩膀说："继续努力！"

我盼星星盼月亮终于盼来了老彭发放日记本，迫不及待地翻到了那一页，结果只有一个大大的红钩，连一个标题符号他都不舍得给我。

那时候想不通，觉得他为人师表应该鼓励学生坚持写作才对。后来换了语文老师，与老彭便没有了联系。在一次次的升学中，承载了我太多期待与失望的日记本最后不知所踪。

寒假家里大扫除的时候，发现了一些初中时的旧物，零碎的记忆拼凑出那时的模样。回头想想，其实对于年少轻狂的我们字里行间那些偏激的语言或者幼稚的想法，没有评语才是最好的评语吧。在荒芜的人生里，总有一些路需要自己去挑灯流浪，没有人倾听你深深浅浅的心事，没有人去照顾你的情绪，甚至没有人告诉你孰是孰非。

但你总会抵达。

就好像日记本里老师没有告诉我们的道理，在后来那些孤寂的时光里，跌跌撞撞中总会明白。

2

初二时我正值叛逆期，和同桌俩人经常顶撞老师。上课看杂志，还小声说话大声笑，所有老师都对我们讨厌至极。气不打一处来的老师经常在语言上侮辱我们，罚站更是家常便饭。小小的我们对他们充满了恨意，全然不为自己的叛逆感到抱歉。

初二那年的校运会散场后，班主任让我和同桌去操场回收桶装水的桶。同桌玩心大起，打算往桶里灌自来水给老师喝，以此报复老师。我想也没想便答应了他，但话一出口心里便产生了悔意，内心里有一堆声音不安地告诉我：你不能这样做！

但最后我还是做了。

当我扛着盛满了自来水的桶走向级组室的时候，我的双腿像灌了铅似的，我的良知不断拷问着我稚嫩的心，同桌却高兴地唱起了歌，但他越唱我越难受。

那时候我的身后像背了一个夕阳那么沉重。

值得庆幸的是老师一口水也没喝。我松了一口气，同桌一脸不高兴地说了些什么，我也佯装生气地顺着他骂了几句，语气中略带些许失望。

没人知道负罪感烟消云散的那一刻我有多高兴。

因为他们可以看不起我，可以尽情地羞辱我，但我不能丢失最基本的良知，不能成为一个自己不喜欢的人。

3

我的小三科老师各有特色，地理老师是标准的南方姑娘，宛如画中人；历史老师短小精悍，教育管理两手抓；生物老师短小不精悍，老板着一张脸，不讨人喜欢。

那时候地理和生物还不是中考的必考科目，完全得不到重视。期末考了零分和一百分是一样的，班主任完全不把它们放在眼里。地理课堂气氛活跃得很，口哨声此起彼伏，但生物课一片死寂。生物老师似乎并不介意，终日穿着紧身的T恤和褪色的牛仔裤，勤勤恳恳地备课，认认真真地上课。就算上课时我们不把课本拿出来，她也不会像地理老师那样在脸上写满了委屈。

现在想想那时候的我们太功利，有些知识学来考试不考，所以就不那么上心。

高一文理分科时我还选了理科，初中生物基础打得不好让我头疼得很。

最后一节生物课，她像往常一样认认真真地讲课，下课前的十分钟，当我们像往常一样准备刷题时，一向沉默寡言的她红着脸说了一句："别！"

窗外蝉声聒噪，她局促不安地抓着衣角，慢慢地环视了教室一周，支支吾吾地说了一些话，大概是感谢我们两年来对她的支持。她的声音很小，小得我听不见，只看见她眼前慢慢升起了一层薄雾。

有人激动地举起手说："老师我舍不得你！"有好事的男生又接着说："老师，把你的红笔送我留作纪念吧！""老师，送我你的一丝头发！"龟仔索性站了起来："老师，拔一颗牙送我！"有几个女生手牵着手，唱起了《突然好想你》……

声音稀稀拉拉，却汇成了一把沙子，入了眼，惹了泪。

一向死寂的课堂此刻像获得了新生一样，人声鼎沸，笑容耀眼，那些不堪的旧时光仿似不存在。

下课钟声响起，她收起了笑容，极其严肃地鞠了一个躬，当作最后的道别。

最后一次见她时我在念高中，她骑着摩托车，她的爱人在背后环抱着她，把头深深地埋在她的肩膀。同行的小伙伴用嘲讽的语气说一个大男人竟然搂着女人的腰坐车，真不要脸。

我不说话，仔仔细细地望着她。

骑着摩托的她依旧沉默寡言，依旧穿着那条褪色的牛仔裤，但脸上有着不易觉察的甜蜜的光晕。

我想就算骂声再凶，就算目光再异样，就算再不讨人喜欢，她也会毫不犹豫地把肩膀借给他，带着他奔向幸福的终点。因为她是那么酷的一个人，才不会在乎流言蜚语。

"突然好想你/你会在哪里/过得快乐或委屈/突然好想你/突然锋利的回忆/突然模糊的眼睛……"

不讨人喜欢的生物老师，我突然好想你。

4

我的锁屏壁纸是初中毕业照，几十张认真的脸，眼神里透露出的全是相信正义一定会战胜邪恶。故事看到这儿，谁都看得出我是一个念旧的人，但并不知道我是一个健忘的人。要不是偶尔翻翻毕业照把那些稚嫩的面孔与个人信息一一对应，我真的叫不出他们的名字，甚至连他们的模样都快要忘掉。

如果不把我的中学时代写下来，我怕我很快便忘掉这段人生。

想念如果会有声音，耳边回响的应该是一段长长的笑声吧。那是在一个铺满了细细碎碎阳光的午后，年轻的数学老师把我和同桌叫了出去，她还来不及训话，我们俩便没由来地相视而笑，笑得喘不过气来。

笑声在长长的走廊里回荡。

缭绕着我的中学时代。

四个秋，四个冬。羞涩的我，不再孤寂。忧郁的我，不需谁懂我。

一尘不染的少年真心

浅步调

2007年，我读高一，在四班，教室在三楼中间偏东的位置。全班有七十三个人，每个人的个性、长相、身高都参差不齐，良莠不均。但整个班级又像深夜凌空起飞时从飞机舷窗俯瞰到的城市拥堵的街道，景致和谐又有生气。炎热的9月开学季，我作为一个在北方生长的女生，身高在十六岁就非常争气地靠近了一米七。但是高中大部分时间，我都坐在教室前三排。因为我的眼睛近视，却死活爱面子不肯戴眼镜，每次调位置都会站起来恳求老师能不能让我坐前面。我就是在那时候认识王强的。

王强，人如其名，普通大众。戴副眼镜，个子不高，不帅也不丑，英语渣，理科不错。有时候很害羞，有时候又像一些"流氓"男生一样不正经，爱说不靠谱的话，爱逗女生。我忘记了他是我在四班的第几任同桌，也记不清两个人同桌了多久，但是清晰地记得我曾经如此近距离地看到过他的内心，因为他是第一个在我面前没有隐藏地哭起来的男生。

那是个普通到我想不起来用什么词语描绘的下午自习时间。一切如常，像无数个自习课一样，大家忙着复习，忙着做题，忙着准备第二天的数学阶段考。有人趁着笔尖唰唰作响的安静空当儿，悄悄地去了厕所；有人抬头对着黑板，揉了揉疲惫的眼睛；有人提前去了食堂，买到了两块五毛钱的油饼卷鸡蛋，几分钟后，脚步声带着饭香一起回来，诱惑着全班同学早已经开始咕噜噜的胃。什么时候放学呀？短暂出窍的心在想。像这样的事情，往复发生在我高中每个懒洋洋的下午自习课，但在这循规蹈矩之中，有些事情，还是默不作声地发生了改变。比如某一个这样的下午，那个叫王强的男生，失去了初次的爱。他走进教室，闷头趴着。我问他怎么了，他抬起头，突然跟我说："她走了。"

她是谁？她走去哪里了？我一点儿都不知道。

曾经年少的时候，我们都还是单纯的孩子。只要有一个简单的出口，就愿意把情绪和感情的水龙头打开，全部毫无保留地讲给一个坐在旁边的人。他说那个女生是他的初中同学，两个人在高中考上了同一个学校，他喜欢她，却从来没有开口告诉她。高中读到一半，女生觉得吃力，觉得读不下去了，要退学。那天她收拾书本，他却始终说不出那句喜欢，只能看着女生不回头地走掉。他回到教室，对着我，边说边笑，然后哽咽了起来。

像打雷的时候会下雨，美梦总会醒来，蝴蝶飞不过沧海，在我的固有印象之中，男生是不会在人前哭的。而眼前这个男孩子，化学方程式再难也能迅速配平，数学课上会提醒我注意听讲，却在英语课上开不了口，爱抄我的英语作业。不怎么好好听课，爱玩游戏，总名次却总处于中等偏上。他有普通的烦恼和忧愁，也有超脱的快乐和自在。这个在我印象里神经大条又略不正经的男生，更应该是不会哭的，但实实在在的有那么一刻，我清楚地看到了他眼里满含的泪水，随后大滴地涌出眼眶，坠落下来。

那时，同是少不经事的我，突然不知所措起来，要怎么安慰，怎么劝说一个失去爱的少年，我不知道。我只是一遍遍地说没事儿的不要紧的你不要太难过；只能默默地看着他趴在桌子上，努力控制着不哭。而大幅抖动抽搐的肩膀呀，还是出卖了少年的真心。

我把这件事情认真地写在了三年之后高中毕业的同学录里，也把这件事情在我们后来每次的深度聊天里提起。高一下学期的时候，我去读了文科，两个人的同桌情谊断断续续，没有遗忘但也没有再次加深。

那三年的高中生活，有人说喜欢我，可是他后来拿着花送给了别的女生；有人写情书给我，可是后来我们路上碰到连话都不多说一句；有人在毕业时送给了我他的日记本，要走了我所有的作文，说要留作纪念。我的文科班同桌兼班长对我说："你长得不漂亮。"是啊。可是，不漂亮的我居然也会发光，也会有人喜欢的呢。你再怎么说我，怎么损我，也挡不住我到现在都对你有如鲠在喉的遗憾。

班长是第一个说我不漂亮的人，王强是第二个。他们不约而同地都说我性格太像男孩子，太有自己的想法，说我活得太明白。大学四年，我们像普通朋友一样继续聊天，偶尔假期见面，在空间和朋友圈里展示着我们彼此都还好的存在感。

我的班长同桌长得高高的，瘦瘦的，很帅，高中就经常被女孩子追。他颜值的唯一缺点是我嘲笑过他无数次的黑。班长同桌跟我一样有着伤春悲秋的悲观情绪，骨子里住着一个不可一世的国王，有很大的理想，有一颗脆弱但百折不挠的心。再难也会去笑着应对，再喜欢也不会屈就表达，偶尔调皮，偶尔吵闹，大部分时候，相处融洽。回头再去描述那段岁月，总觉得两个人坐在一起开心笑的时候，头顶有烟花绽放；沉默做题的时候，头顶有天使飞过。大把大把的光阴，都是最好的年华。拍毕业照的时候，我站在班长前一排的正前面，头在他胸口的位置。我常常拿着这张合照傻笑。而单独合照的时候，我背着手，把两个人之间的空隙拉开到无限大，像是怕被人发现秘密。

可是啊，就是等不到他开口，让我知道。可是啊，就是开不了口，让他知道。直到四年大学毕业后，他带着女朋友跟我见面吃饭，带着女朋友离开家乡奔赴上海打拼，在节日里晒出两个人一起出游江南的照片，我突然成了十六岁那年趴在桌子上、努力掩饰泪水和心中无限悲伤的少年。我回到家，关上门，趴在床上，盖上被子，第一次发现人居然可以哭到发抖。原来，爱呀，喜欢呀，真的是去留随意，错过就不再。

一尘不染的少年真心

2015年，我毕业一年了。我从读书的城市北京回到了生我养我的三线小城，在医院里工作。医院大厅像个热闹的菜市场，白昼黑夜不停歇地上演着人声鼎沸的喧闹。我看到过好多小孩子因为打针吓哭，好多大人闭着眼睛咬牙忍耐着疼痛努力不去哭，也看到有人木然失魂，有人粲然一笑，看到有人出生，有人离开……人生在医院里，像浓缩一样，每天都在开展着人世间一生的故事。而我青涩的岁月，从换上工作服的那一天起，就开始了飞速的告别仪式。我们不常联系，也不再表达挂牵，青春像一座失声的坟，只能偶尔拉出来，自己独自举杯祭奠。那些年少发光的岁月，终究还是远去了。

如果你还在十六岁，我想告诉你，不要着急长大；哭泣的时候，也不要再隐忍克制。因为每一粒眼泪都是钻石，都是青春千金不换、一尘不染的真心。青梅已逝，竹马已老。只是，从此我爱上的人，都很像你。

给未来的自己

——随想曲

陈瑜诗

1

我搜尽枯肠，也无法用自称可以"倚天屠龙"的文笔来表达此刻的心情。

可不得不承认在转身之际，我的泪水还是冲破眼眶，像断了线的珠子，哗哗地往下流。

这些日子来，家里总是密布着愁云惨雾，其实归根到底就是因为我的成绩直线下降，可大大小小的烦心事总可以以学业为引线，常常扩展到很多领域，那是你想象不到的。

今天太后太爷在不停地给我灌输"早恋的危害"，我动一下脚指头就想到了我那篇风花雪月的文章是祸根了，还有我那自由落体的成绩。太后很坚定她的观念，太爷也在旁敲侧击。对于他们这样的态度，这种混沌的思想，我早已有"超强免疫力"了。在他们看来，我的解释就是掩饰，掩饰就是讲故事，我能做的就只有"嗯，哦，喔"地答应了。

但当太后在和我讲"狼来了"的故事并扯出了一些陈年旧事时，我再也按捺不住波动的情绪，开始失声地说，那篇文章是靠想象力写出来的。看到那些不想再解释、也没想过解释的事情，在她脑海里恶性循环了，我顿时鼻子一酸，木然地重复着："没有，不是的。"但一切都是徒劳。最后，我扔下一句："你们若不相信我，可以打电话去问班主任。"

"你的成绩差到这种田地，怎么叫人不怀疑呢？"太后还是不依不饶地说。

2

其实和他们一样，我也不信任中学时代的恋爱，尤其是在前景未明、未来是一串未知数之际。可我也不至于土到一提恋爱就考虑天长地久，也不会新潮到把爱或者情当摩登时尚。但再怎么说，我在文字上是可以让灵魂自由的，就算我怀有一丝少女情愫，也不算过分，你们怎么想，我无法限制，也管不着，但你们的行动是因此而滋生的，我真的很难接受。天下没有不散的筵席，当你们提出转学的强硬态度，我也没有太多的情绪，可你们还让我和从前的所有同学断了联系，巴不得把家里的固定电话号码更换，那真是一件太不近人情的决定了。我必须要泄愤，必须反抗，于是我想到我最最最亲爱的潘老师，我的班主任。

然后我的倾诉又变成了哭诉。

3

原来，在无意识当中，我对东城中学还是那么眷恋，那么的舍不得。我的潘在帮我力挽狂澜，她说真的舍不得我。不过，她也说，倘若真的要转学了，千万不可以有太多抵触的情绪，一定要沿着自己的学习坐标走好每一步……（在写到这里的时候，泪水已不知不觉地打湿了整个脸庞。）

潘，是对我影响最深远的一位老师。

在我进初一（六）班的时候，我就把东城中学和春华中学比作两个不同的温度带，还嘲讽着说，春华是混迹中学，而东城却是浑迹中学。潘知道后，说了一句让我终生难忘的话："是金子总会发光，出淤泥而不染，会让你这颗金子闪得更有光彩，只是真的需有一颗坚定的心……"

听了她的话，我彻底地醒悟了。只要用心去学，在哪个学校都可以出人头地。而且在东城中学这种逆境中成长，学到的不仅是知识，有志者还可以炼就一种高尚的品质，不与他人同流合污，在激流当中，前进的目标也不会变得模糊。

成功路上最心酸的是要耐得住寂寞，熬得住孤独，总会有那么一段路是要自己单枪匹马地走下去。初三这条布满荆棘的路，自己是救世主，赤脚走过去，在还没有鲜血淋漓之前，我要把这份年华寄给未来的自己。当路途艰辛，一个人撑不下去的时候，我要回头看看从前的我，想一想是为什么自己能走到这一步，给自己一个坚持下去的理由。

就这一次，为自己做一次英雄

养 分

我的清梦被坐在旁边的男生搅醒了。

兴许是课间休息时太沉闷，他跟他的女同桌阿贞在说笑着掰手腕，看看谁能赢。他当然不甘示弱地说她肯定会输，而阿贞也不是好欺负的，说了句"要是我赢了怎么办"便伸出手来。她长得有点儿壮，是班主任口中大家学习的榜样，学习、运动永不落后。

"那就请吃砂锅粉啊，顺便带上我。"我揉揉眼睛，插了一句。

"好，文丹你帮我作证啊。"阿贞兴起。

"喂，胖哥，你怎么总是说吃啊？再吃我都为你担心了，女生不要太胖哦。"李立又开始把注意力转移到炮轰我身上。

我意识到有机可乘，有好吃的马上就要从天上掉下来的感觉，于是转过身去，只留下一声"哼"，不带走一片云彩。

记得上一次也是因为他说我胖，我就假装生气不理他。中午饭后他便甩来一条"荷氏"，对我说："笑一笑嘛，你笑好看。"

我接过里面藏着鼓励的字条的"荷氏"，冲他挤了个笑脸。不喜欢吃糖，却喜欢这样文艺的小包装，似乎这样自己也能变成文青。就好像我给李立看体检表上写的"较低体重"，但他还是照样调侃我叫我"胖哥"，都只是为了在索然无味的高三生活添一点儿调料，多一点儿欢闹。

今天他在吃完中午饭后到餐厅小卖部给我买了午夜风暴特强效力的荷氏薄荷糖，我们都选择留在教室里。不同的是他在看资料书，而我在看闲书，什么《新概念》《橘生淮南》《目送》《从你的全世界路过》《你的孤独 虽败犹荣》等，我全是在午间看完。而他也把那些该做的不该做的一大摞英语资料全部完成，虽然他的英语几次考试下来都是五六十分。他被我嘲笑死不要脸跟学霸坐，还考这么点儿分数，让阿贞情何以堪。

他慢悠悠地回击我："赶紧写你的数学吧，不然下一次被金哥叫出去谈话，我可不安慰你了。"

班主任金哥是我见过最严厉的男人，没有之一。

但上一次他发火时我却为他说的话哭了。"你们其实真不差，就是懒，我每天来得比你们还早是为了什么？你们对得起我吗？先不要说对不起我，对得起为你们辛辛苦苦打拼的父母吗？挣两个钱容易吗？你现在享受，有想过他们的感受吗？人心都是肉长的啊……"

我转身看了一下旁边的李立，他正背着英语单词。我趴在桌子上想睡一觉时，因为枕着头的手臂发麻，脚下阵阵冷风，于是只好在快要睡着时醒来。他还在写英语。记得他说过，这世上有四种学生：一种是好好学习，天天向上；一种是坏坏学习，天天向上；第三种是坏坏学习，天天向下；而第四种则是好好学习，天天向下。

他调侃说，自己就是属于好好学习，天天向下的。

但他还是坚持学，尽管成效不大，进步几分他也很开心。

没有经历过高三的人都无法知道高三的苦累，晚睡早起是家常便饭，经常累到一躺下就入眠。关键是几十个人挤在一间教室，二氧化碳氤氲着，让人温暖也昏昏欲睡。于是整个教室充盈着咖啡味。但我和李立不约而同嗅到一种亢奋的味道。

"胖哥，你觉不觉得我们班很团结，很勤奋啊！"

"当然觉得，我正想说，所以同学们这样我都不好意思冬眠了。"

"哈哈，你个胖哥，赶紧看书。"

阿贞在认真钻研那道老师布置下来的数学题；李立转身回去继续背单词；班长看语文阅读大概是得心应手，笑了起来；地理课代表在耐心教着英语课代表地理。一切都很和谐，我不忍心打扰，只好去看书。

班主任进来了，很认真地对我们说："同学们啊，别要风度了，要点温度吧，天气冷多添衣，现在身体最重要，别给我有什么闪失啊！"

然后他把李立叫了出去。在寒风里的他俩身高差不多，但李立却耷拉着脑袋，我感受到他的落寞，但很快又斗志昂扬起来。我想，大概是因为这次的成绩，班主任找他出去谈话了吧。

李立回来时风也跟着进来了，同学们都抬头看了他一眼，继而低下头，继续演算。周末高一、高二都放假回家了，窗外是黑茫茫的一片，只有在教室里才会感受到光和温暖的存在，教室一下子成了必不可少的存在，就像李立说的那样，坐在这里就是为了实现梦想。

李立坐下来后我递给他糖，他接过说"谢谢"，心情不太美丽。

我们谁也不说话，不说沉默也沉默到底。

下课后一起回家，我还是先开了口："没事吧，没关系的，还有下一次。"

他回答说："当然啊，我可不怕，虽然成绩不理想，可我还是相信自己可以的。"他吐出一口气，气形成一团白雾慢慢散开。

"羡慕你那股永远不服输的劲儿，始终相信坚持到最后的人才能笑到最后。"我把手从衣袋里抽出来，和他击了一掌。

奇怪，我一点儿都不觉得冷，还有点儿热血沸腾。

"我给你唱首歌儿吧。"我走在前头转身对在后面的李立说。

"胖哥也会唱歌？好啊，唱来听听啰！"

"我没有任何天分/却有梦的天真/我是傻/不是蠢/我将用行动证明我的一生/我如果有梦/有没有错/错过才会更加明白/明白坚持是什么/我如果有梦/梦要够疯/够疯才能变成英雄/总有一篇我的传说……"我一边

笑一边唱。

对，坚持了，才能笑到最后；坚持了，才能变成英雄。我要为自己、为我爱的人做一次英雄。

所以说，没关系啊，我们都要努力。

再一次击掌，再一次大喊我要做自己的英雄。

嗯，其实李立，总有一天，总有一篇你的传说，在你的天空。

我为什么要善良一点儿

第二

开学后我找了份兼职。大抵是上一学期表现得还算可圈可点，老板对我颇为照顾，直接交给我份管理者的工作——让我去招几个手下做宣传。人找回来后除了之前相熟的老搭档们又多了位小伙伴推荐的学妹，斜刘海儿大眼睛说话声音软软的，看起来甚是乖巧。我的糙汉子心顿时化成一汪水，当即拍板指定她去分店门口迎宾。妹子应承下来，拍胸脯保证一定不负众望按时上岗保质保量。然而你明白的，口头保证并没有什么用。到了约定时间妹子并没有出现，老板一个电话把我从实验室里拖出来，白大褂尚未来得及换赶紧一脸赔笑去站岗。一个小时后，妹子来了，眨巴着大眼睛说不是故意的！我没说什么，只是按她的在岗时间结算了工资给她，而后删除了她的资料再不录用。

故事要是就这样结束也就算了，后来我才知道她逢人便哭诉我是多么苛刻多么不近人情的一个人。你看，她一个柔柔弱弱的女孩子，第一次想出来找份工作，经验不足难免犯了一点儿小小的错误。我呢，经验丰富又掌握着生杀大权，明明可以睁只眼闭只眼，却对她没有半点儿包容。

于是有人来劝我，说你应该宽容一点儿，善良一点儿。我瞠目结舌。奇怪，违约的又不是我，为什么我要善良一点儿？！

室友之前借给朋友几千块钱去应急，还款的日子一拖再拖，后来到了室友财政赤字急需钱时朋友两手一摊："没有，真没有。"室友急了，险些直接杀过去，这时有人突然跳出来指着室友鼻子骂道："没有就是没有，你现在就算把她杀了她也还不上。这种情况你借钱的时候不想好，怪谁？不就是为了几千块钱吗，你是非得逼死她才开心？"

这样的例子屡见不鲜。总有人完全不问前因后果，自顾自地站在看上去比较弱的一方，似乎这样就为人间伸张了正义。

过年不知谁家的熊孩子把别人送你的纪念品偷走，被你发现拎起来吊打，一定会有人说你没家教，不知道谦让小孩儿。

坐火车时有老人或者抱孩子的强行要和你换下铺，你不同意，一定会有人指责你没素质没公德心。

就算是拐卖人口这种新闻，你都能在下面评论里找到"如果不是实在娶不上媳妇，谁会去拐卖人口呢"这样看似悲天悯人的声音。

有趣的是，这些"正义的标杆"在遭遇同样的境地时往往也是跳脚最快的。不止一次地看到前一天还满怀同情地发声"小偷也是迫不得已为了养家糊口"的人，第二天被偷了钱包后指天骂地诅咒小偷全家不得好死；上一秒还高谈阔论社会人情冷漠现在真是垮掉的一代，下一秒看见地上摔倒的老人就悄悄调转方向。

渐渐地，我开始明白那些整日把善良正义挂嘴边的人未必都是真的善良。他们只是强行把善良的帽子扣给你，打着正义的大旗，然后逼你妥协。就像是古人强行给女子灌输"女子无才便是德"的思想一般，让你习惯逆来顺受，这样更方便日后他们占便宜。又或者站在上帝的视角，用言论来表现他们心底的"大爱"——反正吃亏的又不是他们。

有个词叫道德绑架。

愿我们在今后的日子里皆能三思而行。在看到谁流泪了，谁控诉了，谁在寒风中瑟瑟发抖的同时，也能静下心来看到公理，看到真相，看到这件事背后付出却又被辜负被捆绑住的那个人。

公平正义，从来不是在比谁哭得更大声！

为自己的心愿买单

愈 之

男孩儿大概只有十岁，穿着校服，系着红领巾，又黑又瘦，眼睛很大，放着光芒。他身边的男人皮肤黑黑的，也很瘦，大大的眼睛里装着倦意。

两个人一起径直走向我所在的书架时，我往旁边的架子挪了挪。

男孩儿在选书，男人百般无聊地站在一边等待，没一会儿就打起哈欠来。男孩儿选好书以后，对男人说："爸爸，我想要这本。"男人一下子来了精神，翻到封底一看，对儿子说："你就在这里看吧，看完就不用买回家了，好不好？"男孩儿犹豫之际，男人接着说："这本书要二十五块呢，你现在看完，我们就赚了二十五块钱——你这就开始看，我晚点儿过来接你。你才念小学就能赚二十多块钱，很了不起的。"不知道是哪句话起了作用，男孩儿同意了。

我目送着男人离开，回头一看，男孩儿已经盘腿坐在地上看起书来。

看着他认真翻书的模样，我忽然想起当年小小的自己。

我像男孩儿这么大的时候，公园对我已经失去了魔力；商场之于我就是等待妈妈试衣服和购物的地方。想不到去哪里，我就待在家里，但父母不愿意看着自家孩子整天窝在屋里，他们要带我出去玩。

可我没有特别喜欢去的地方，爸妈思来想去，决定带我去书店。

我喜欢看书，一看就能看很久，久到他们留下一个"我几点几分来接你回家"的承诺，便可以翩然离去。他们几乎每一次来接我时，都说我可以买一本书回去，然而更多的时候，我只看不买，因为那会儿家庭条件不好，外祖父又在住院，日子过得紧巴巴的。我知道他们更愿意看到我在书店里把书看完，而不是将它带回家。

后来，不知道从哪天开始，我不再需要父母接送，可以独自去书店了。那时候唯一的愿望就是家能距离书店近一点儿，好让我快一点儿抵达书店，多看几页书。与此同时，家庭条件也渐渐好转，爸妈有余钱给我买书了，可我依然习惯去书店，只看，不买。

在书店逗留的日子里，我一本接一本地看书，每看完一本就把标价记下来，一个学期下来，竟然看完了几百块钱的书。对于一个小学生来说，几百块简直是一个天文数字！

可是随着年龄的增长，可以去书店的时间越来越少，但想看的、想拥有的书却在增加。为了把它们带回家，我开始写稿子，给杂志投稿，把稿费存起来，对喜欢的书籍进行一番精挑细选，然后把它们一一买回来。再后来，无论是买单反学摄影也好，独自或者结伴去旅行也好，总是在此之前勤勤恳恳地写字赚钱，看着账户上的金额一点点地往上涨，再去实现自己的心愿。

朋友说我这样的生活很累，他不明白我为什么要这样做。我是父母唯一的孩子，他们很疼爱我，我的要求他们十有八九会满足，明明一下子可以得到的东西，为什么偏偏要大费周章？

我想，或许只是因为那是自己的心愿，不想别人去买单吧。

尽管在最初的时候，我真的很希望父母可以满足我购书的愿望，可是，当我在书店里"赚来"一本一本的图书时，那种快乐又分明比他们允许我买下它们要强得多——你瞧，我用自己的方式"买到了"想要的东西！

书店里还有想看但没开始看的书，地图上还有想去但没抵达的城市，购物车里放着想买但还没有下单的货物，桩桩件件挂在心头，带着它们努力奔跑，一点点实现堆积着的小心愿，我喜欢这样的自己——她用她的努力实现着梦想，哪怕在旁人看来，那些所谓的心愿微不足道，甚至可以被另外一些人轻易实现。

我 的 宝 贝

Cup Cake

一 本 字 典

初一那年，因为成绩太差，我被爸妈送去了一所私立学校。爸妈担心我考不上高中，据说这所学校的高中升学率在90%以上。所以他们不惜花重金送我到这所私立学校上学。

开学的日子一天天临近，我的心也开始忐忑不安起来。倒不是担心自己的学习成绩。众所周知，私立学校又称"贵族学校"，在那里读书的学生们非富即贵，家庭条件都不会太差；而我，出身三代贫农，父母都是工薪阶层。夸张点儿说，爸妈砸锅卖铁送我上学已经耗费家中一半财力了。我怕的是……因为穷，同学们会瞧不起我。

开学那天，爸爸和我坐上一辆出租车赶去学校。到了学校，校门口停满了家长们的豪车，奥迪宝马奔驰……小小的校园里就像是在举办一场车展。那些有钱人的孩子，走起路来都带着风。他们的头高高昂起，一副我是老大我怕谁的样子。

而此刻，我的爸爸正在和司机师傅讨价还价："师傅，你少赚点儿，就收五十好啦！""那怎么行，我们赚钱也不容易……"我的心里，突然弥漫出一股淡淡的哀伤。

一波三折，终于找到了我所在的班级，爸爸叮咛几句便离开了。课堂上，老师要我们准备一本字典，说以后每节课都会用到。悲催的是，来学校前我什么都准备好了，可就是没带字典。

下课后，班主任在门口叫我的名字，我暗自叫苦，难道是自己上课走神被他发现了？今天才是开学第一天，不带这样的呀！我来到教室外，班主任拿着一本字典朝我招手，他说这是我爸托他转交给我的。我这才长舒一口气，接下字典谢过老师后便赶紧回到教室。

那是一本小小的红皮字典，我打开字典，里面居然还夹着一张纸条，爸爸在上面写着：

> 孩子，爸妈尽最大的能力给你创造一个良好的学习环境，剩下的路只能靠你自己走了。在学校要吃饱喝足，别想着为爸妈省钱。不要和同学们比吃穿，要比就比成绩！你好自为之吧。

看完爸爸的留言，我就红了眼睛。唉，老爸，都快奔四的人了。为什么你总是走煽情路线呢。

初中三年，我并没有创造奇迹，逆袭成为一位高冷学霸，因为贪玩，我的成绩依然不太理想。所幸，我还是顺利考上了一所市重点高中。

那本红皮字典，又伴我度过了三年高中生活。高考过后，因为搬家，我只得把所有课本打包丢弃，唯独这本红皮字典，它虽然已经散页、破损。但还是被我小心翼翼地装进箱子，带到了新家。

虽然只是一本小小的字典，但我应该会永远珍藏吧。

平安扣的故事

高二，在我的强烈要求下，妈妈开始陪读。妈妈和我在校外租了一间房。她在附近的一家工厂上班，虽然工资不高，但也足够我俩日常生活开支。

不到一个学期，我和妈妈便开始相互嫌弃对方……

有一天，班上有位同学过生日，她老爸送给她一个黄金吊坠。黄金色泽光亮，十分耀眼。我也真的好想有一个黄金吊坠……好吧，我就是虚荣心作祟。

我十分纠结，很想向妈妈开口提出自己的要求，可同时我又是一个懂事的姑娘，我知道父母赚钱不容易，十分辛苦。不能再向他们提任何过分的要求了。

我开始闷闷不乐，每天放学回到家，也不再主动和妈妈说话，只是默默拿出辅导资料刷题。我妈很奇怪，以前放学回家我是从来不会主动写作业的。在她的一再追问下，我终于说出了纠结已久的心事。我对着妈妈撒娇："妈妈，如果你给我买的话，我一定会好好学习，在期末考试中考进前十的！行吗？"

妈妈毫不犹豫地答应了。她说只要我能好好学习，无论什么要求，只要不太过分，她都能答应。星期六，她带着我去了商场。那时候金价不高，已经降至三百元了。我挑选了一个价格适中，带有龙凤图案的平安扣，妈妈付完钱，我们高兴地回了家。

也算是了却一桩心事了，我开始十分用心地学习。那段时间，我感觉生活特别美好，每天都很充实。呵呵，我就是一个特别容易满足的人。

我并没有实现对妈妈的承诺，那次期末考试，我没有逆袭成为一匹黑马，还是和原来一样，成绩不忍直视。妈妈并没有说什么，但我还是觉得非常对不起她。我突然想起妈妈四十多岁了，却不曾拥有过一件珠宝首饰。是她不想要吗？不是的，她也是一个爱美的人，只是为了给孩子创造更好的生活环境，妈妈只能舍弃一些东西。

我在心里下定决心，以后赚钱，一定给老妈买一条超大项链，亮瞎所有人的眼！

很可惜的是，那个平安扣，我只戴了一年。因为扣环断裂，只好把它放进了首饰盒里。偶尔拿出来看看，不禁想起上高三的那段日子，

085

每天晚上十点半下晚自习，无论刮风下雨，妈妈都会站在路灯下等着我回家……

银 手 镯

小时候，在外婆家，我时常翻箱倒柜搜寻宝贝。一次偶然间，我发现了木箱底层放着一个枣红色绸布包，打开一看，竟然是一对银手镯。

我像哥伦布发现新大陆一样，十分激动。我飞奔至外婆身边，晃晃手中的手镯说道："外婆外婆，这手镯好漂亮啊。"妈妈见我又不安分便大声斥责道："这么贵重的东西你怎么能随便拿出来！赶紧还给外婆！"

外婆笑了笑，她向我说起了一段往事。在外婆出生不到五个月的时候，因为家里孩子太多，她被自己的亲生父母送给了另外一户人家。在那个吃不饱穿不暖的年代，把自家孩子送人是一件太正常不过的事。外婆说，那一对手镯是她的父母留给她的唯一的东西，权当念想。

原来一对手镯背后的故事如此悲情，想到自己未经允许就随便翻出外婆的宝贝，我也有些不好意思了。

在我十二岁的时候，外婆将一只手镯送给了我，外婆有五个外孙，有的远在外省，还有的生活在海外，能经常陪伴在她身边的也只有我一个了。

一年中秋节，返校回家过节，一家其乐融融。在饭桌上老妈看了我一眼，随口问道："哎，你手上的镯子呢？"我低头一看，这才注意到自己手腕上空空如也。我放下筷子，去找镯子，书包里翻遍了，也没有找到。我有点儿慌了："我……我也想不起来到底放哪了。"老爸提醒我，是不是落在校车上了？他赶紧给校车司机打电话，可是司机却说没有发现车上有镯子。老妈脸色发白，她快哭了："要是外婆知道你把手镯弄丢她会伤心死的！"

那个中秋节我们都过得很不愉快。去外婆家时，我们强颜欢笑，生怕外婆看出任何破绽。外婆对着我嘘寒问暖，我更是愧疚不已。

　　返校时间到了，回到学校，在笔袋里发现了遗失的手镯，我赶紧打电话告诉妈妈这个好消息。虚惊一场！那种失而复得的感觉，真好！

　　经过那件事以后，我一直将手镯戴在手上，再不敢取下。有同学笑话我的手镯"乡土气息太浓厚"，可我却丝毫不以为意。这只手镯，我一定不会再弄丢了。

　　一本字典，一个黄金平安扣，一只手镯………看似普通的、小小的物件，因为承载着亲人的殷切期盼，它们也成了我心中永远的至宝。

一尘不染的少年真心

青柠岁月

洪夜家

1

距离森柠气吞山河地吼出"我要向张皓然表白"这句亮瞎了洛可可狗眼的大话已经两个星期了，洛姑娘默默地看着毫无进展并无任何表白迹象的森姑娘，终于松了口气。

其实洛可可还是挺震惊的，起初她只是淡定地摸了摸森姑娘的额头："没发烧啊！你是不是昨天没睡好？"

可是遭受了森柠的白眼之后，看到她下定决心的坚定模样，以及那句"我是认真的"。洛可可的确是当真了。

然后她不淡定了。

因为她已经苦口婆心劝了森姑娘两年，而她却总是摆摆手说做朋友挺好。

"森小姐，你是不是吃错药了？我们现在可是高三，你熬到今天才说要表白不觉得太晚了点儿么？你觉得人家高材生张先生舍得放弃大好前程，在这种状态下和你在一起么？"

森柠沉默了。她只是这一刻突然有了勇气，并没想那么多。

"你个呆瓜。"洛可可叹了口气。

经历了两个平淡的周末，洛姑娘终于淡定了，她明白胆小鬼森柠也只是想想而已。

2

胆小鬼是她给森柠起的外号。这件事得追溯到两人相识那天，当然中间还有个灵魂人物张皓然。

数学辅导班上，洛可可碰巧坐在森柠左手边，当时还是陌生人的两个人并无交流。

只是，三好学生森姑娘实在对洛姑娘的严重漏音耳机忍无可忍。

可是森姑娘有个坏毛病，跟陌生人讲话会紧张，甚至舌头打结。

"同……同学，你……你的品味可不可以高雅……一点儿？"

"啊？"洛可可摘下耳机，不知所云。

"呃……就是，就是高大上一点儿？"

刚摘下耳机的洛姑娘耳边嘈杂，忽略了前半句，十分淡定地点点头，诚恳而又真挚："嗯。"

前桌那个男生听到她们的对话，回过头忍俊不禁。

"同学，小结巴让你把耳机声音调小些，吵到她听课了。"

当然，张皓然此举并没有真正帮到森姑娘，正当她对此感激涕零时，数学王皱着眉走过来，盯着三个人："我已经注意你们很久了，不许再讲话！"

3

森柠也不记得自己是什么时候开始喜欢他的，只是当他对自己笑时，她就会听见花开的声音。

她觉得张皓然身上有股高冷气质，虽然有时候行为看上去很逗。

高三，高三，这个词让人如此压抑。

森姑娘心不在焉地坐在位子上，手中的铅笔不停地在稿纸上划下她乱七八糟的心思。

你好，高三。张皓然，加油！森柠，勇敢！

洛可可一眼就看出森姑娘的心策马奔腾了。

"表白策略想好了没？"洛姑娘终于下定决心帮她，她想通了，既然森柠都不怕，她又未尝不能蹚这浑水？

未来，是她自己的。

可青春却是她们的。

"森柠小朋友，可否陪我去买理综模拟卷？"张皓然的突然出现令森姑娘猝不及防，却是在洛姑娘的意料之中，她眯起眼睛深邃地笑起来。

"呃……好啊。"森柠有些心虚地将笔袋盖在稿纸上。

"森柠，准备上什么大学想好了没有？"

"呃，还没。"其实也想过，可是又会突然迷茫。

就像很多时候都会忽然不知道怎么办才好。

"那你一定得现在认真想想了。"张皓然的声音很严肃，森姑娘顿觉他的高冷气质又不经意冒出，"高三不能盲目复习，得给自己找个目标，最后还要有个梦想作为精神支柱啊。"

"嗯。"森柠认真地点点头，"那么你有了么？"

"哈工大嘛，你知道我一直向往北方的。"

张皓然又恢复了往日的嬉笑模样，森柠的心里却掀起了万丈狂澜。

4

有了动力的森柠很恐怖，至少洛可可这样认为。

没日没夜不要命地学习的森柠，让她有种巨大的无力感和压迫感。

"森柠，你不表白了？"洛可可对于森姑娘的意识突然觉醒感到分外讶异，看她的眼神像是盯着自己迷途知返的女儿。

"暂时放边上啦。洛可可，我决定了，要上哈工大！"

"因为张某人？"冰雪聪明的洛姑娘瞬间了然。

"嗯。等我考上哈工大，就在毕业典礼上表白。"森姑娘坚定地立誓。

的确，并不多么热爱哈尔滨，只是因为他向往那片冰天雪地。

不记得在什么地方看到，年少的暗恋不过是有点儿自卑的我遇见了心中最好的你，从此以后你的欢喜为我的欢喜。

其实张皓然，想告诉你我喜欢你，只是要让你知道我的心意，再无其他。

5

森柠的床头柜上贴了张字条："和张皓然一起上哈工大！"

森柠的书桌上刻了一行字："去那座被冰雪覆盖的城市。"

森柠的记事本上新增了一条："毕业后向张皓然表白。"

森柠的公交卡上挂着哈工大的卡贴，上面注明"我梦寐以求的大学"。

森柠的笔记本背面贴的满满都是哈尔滨的卡贴，教科书里夹着哈尔滨各地风景的明信片。

洛可可有点儿头大。恋爱中人的智商果然不是常人可以理解的。哦不，是单恋中人。

真可怕。

可是，洛可可忽然有些羡慕她，从什么时候开始，胆小鬼森柠也开始拥有自己的梦想，并且能够不顾一切地为之努力了呢。

这样勇敢坚持的森姑娘还真是挺可爱的。

森柠是个胆小的姑娘，唯独在喜欢张皓然这件事上，彻底地勇敢了一回。

张某人一直都有看到她的努力，看到她那颗竭尽全力捧出的真心。

6

电影《初恋这件小事》是森柠的最爱，她第一眼就爱上了那个为阿亮学长一腔孤勇的姑娘小水。她记得里面有人说，要让爱情成为动力，让自己变得更厉害更漂亮，每个方面都变得更好，那个人就会自己回头看你。

在一个月亮很圆的夜晚，森柠做了一个温糯甜软的梦，梦里她和张皓然一起站在哈工大的门前，两个人牵着手。

森姑娘笑着醒了。

可现实毕竟是鲜血淋漓的，毕竟森柠不是小水，努力了一年的她最后还是没能去成哈工大。

她的成绩本就不算优秀，硬要和张皓然一起上北方名校，可能性几乎为零。

7

森姑娘没能向张先生表白。

"森柠你就是一呆瓜。"洛可可这样对她说，然后又想了想说，"把你的心意告诉他吧，别让自己抱憾终生。"

可是森姑娘那一年的勇气终于在高考失误后消失殆尽，自卑感却犹如冤魂般如影随形。

那样优秀的张皓然，不是平凡普通的她配得上的。

森柠蹲在地上，仰起头看着洛姑娘，认真地重复小水的台词：

"在我们每一个人的内心深处，都藏着一个人，每次想起他的时候，会觉得有一点点心痛，但我们依然愿意把他留在心底。"

8

假期里，洛可可约森柠和张皓然去看韩寒的电影《后会无期》。

后会终无期，这也是森姑娘原本认为的与张先生的结局。

里面有句台词很经典："喜欢就会放肆，但爱就是克制。"

森柠好像突然间明白了很多。

有人说，暗恋是这样细微的心情，微微的苦，淡淡的甜，像一枚青柠的味道。

嗯，大爱要克制。

嘘，这将成为被时光带走的秘密。

一 轮 明 月

小太爷

《陶庵梦忆》里有一节，名字叫《金山夜戏》，张岱带着自个儿的小仆人，两人移舟过金山寺，突发奇想，把自己一套唱戏的家伙什儿都搬到了人家的大殿上，大唱长江大战。僧人们不知道个中缘故，只能愣愣地看。

而张岱呢？

他唱完，拂衣而去。留山僧们呆看山脚，不知是人是鬼是怪。

而此时将曙，天光渐亮。

多神奇的一夜。

浊世佳公子带着恶作剧得逞的笑容一板一眼地唱念做打：小厮瞧见最后一排的和尚脑袋上闪着光，眯着眼给戏里的将军送上酒杯，说声"您慢"；值班的大头拉了拉裤子还没系好就出来看热闹的小二，老住持须发皆白，捋一捋胡子，似乎想起了自己做小沙弥的青年时代。

殿中的大佛宝相端庄，静默不语。

而同样静默不语的，还有窗外的一轮明月。

林下漏月光，疏疏如残雪。

一轮明月，它照过踮起脚在树上系好红绳祈求平安的妇人，它照过绕床弄青梅的小姑娘束发的簪子。

月光是不说话的，它安静地俯视每一场悲欢离合。

偶尔，我合上书看看窗外的月亮，就会想：会不会有那么一个特定的时间节点上，有一个古代的人，或许她也是个十几二十岁的青年，也叫着和我一样的名字，然后也在这样一个清清凉凉的晚上，抬头看着月亮？更或者她也在想，会不会有前人，也做着一样的事情？或许她比我更有文采，会做律诗，赏月赏得尽兴，于是从柜子里拿出了纸笔，斟酌词句，写完——跑去拿给她的父亲或者兄长看，又或者干脆藏到床边立着的大花瓶下面，紧紧地压着，谁也不给看。

又或者那个时空的我，是一个不识字的女孩子，在灯下做着针线。她眼睛发花，扎了手指，不情愿地去窗边的盒子里找顶针的时候，偶尔抬头，看见了一轮亮亮的圆月，一瞬竟有些失神。

这轮明月伴着我长大，伴着我暮冬时烤雪，迟夏写长信。

我的高中在开发区，学校背靠着山面对着山，可能也是因为在北方的原因，所以总觉得天很高。

高三大家都走读了，寝室就剩下我和另一个同学。

我俩卧谈到深夜，我忽然有点儿饿，爬下床去准备吃点儿东西。

刚下床就听见她叫我，说你看窗外。

那个景象深深留在我心里，后来每每看到月亮，好像总能回到那天晚上。

深蓝色的天空中挂着一轮又圆又大的月亮，非常明亮，周围的薄云被照透，丝丝缕缕地绕在月亮旁边，一动不动。

这样的夜晚，是晴明的夜晚。

远方的山脉只能看见形迹，篮球场和教学楼都是一片漆黑。外面安静得听不见风声，只能看着微微跳动的叶梢，判断有风来过。

我大大地打了个哈欠。

判断好夜色的唯一标准，就是让人想睡觉。

那一刻，我觉得这轮李白拥有过，白居易拥有过，张岱拥有过的明月，我也拥有了。

从此之后的每个夜晚，我便独自守护这月光了。

幸好青春从未走远

　　可是后来我们所期待的那个故事情节并没有出现。就像一场马拉松，在起点北执一直鼓励着黎深深，跑到中途时北执以为黎深深能自己坚持跑下去便离场，留下黎深深一个人奋力地向终点跑去。黎深深也想过要放弃，可是这场比赛始终是自己的人生，不管有多少人走进来，有多少人离开，你的目标都是终点。

那些年追过你的男孩儿

亦青舒

大学里的第一个落在寒假里的情人节，我一个人在家过。

西方的节日辗转来到中国之后统统变成购物节，电商首页是设计精美的钻戒，街上商场里有包装精美的礼盒，大街小巷里出没着各种各样的小女孩儿，怀揣着鲜红的玫瑰四处兜售，逮到情侣就不松手。因此我拒绝出门。与此同时，各类社交网络上全是秀恩爱的高清原图，朋友圈里脱单的总是比没脱单的更多。为了避免遭到暴击和伤害，我也拒绝上网。

拒绝出门和网络的我，安安静静地开始整理卧室书柜。一不小心翻出旧日书信和几本厚厚的日记，吹开灰尘，翻阅起来好似找到了哆啦A梦的时光门。

可惜你是射手座

从日记和书信的文字记载来看，W是追我最久的男孩儿。理科男，初三的化学课代表，腹黑傲娇，也极其自负，热爱科普，异常执着。

彼时我热爱占卜，信奉星座，射手座在我心里是一个大写的脱线的人与奇葩。而W就是这个星座的最好证明：明明前一秒钟还在认真地解一道物理题，分析加速度和摩擦力，后一秒钟就可以欢呼雀跃地扔下笔,大声唱《大头儿子小头爸爸》的主题曲。留下我一脸蒙圈地望着他,轻轻地叹一口气。

W同学挑的表白日子是一个普通女生谁也想不出来的日期。

嗯,3月8日妇女节。

我拿着表白信从头看到尾,从紧张羞涩看到面无表情,再抬头的时候整张脸就像冰河世纪的活化石。W同学就坐在我前桌,一脸笑容地看着我,那副神情翻译过来就是"没关系的我知道你喜欢我很久了我知道的知道的"。

知道你个大头鬼!白眼翻到天灵盖的我恨不得手撕W,但是考虑到化学作业还没有交,所以课代表必须留一留。我撕下一张便利贴大笔一挥:"承蒙抬爱,小女子不胜惶恐,今乃佳日,不忍拂兴,等我把化学作业写完再来揍你。"

表白遭拒并没有给W同学留下什么阴影,我看着他照样活蹦乱跳地在我面前耍宝,在年级里叱咤风云地拿前十,午后课间鬼鬼祟祟地想要偷看我的日记本。我们的相处模式更像是彼此了解的朋友。而当我考砸的时候,他是那个一边嘲笑我数学低能一边送我巧克力糖果的男生。

"别哭啦,科学研究表明,糖果会让人心情变好喔。你要不要听我科普里面的化学原理?"

我哭着抢过他手里的巧克力:"……我才不要!"

我一直觉得他的喜欢浅显张扬,喜欢一个人恨不得要全世界都知晓,享受过程多于在意结果。傲娇自负的W,其实有那么善良包容的一面,而这样温柔的善意,反过来也保护住他自己。

文理分科之后我们很少见面,直到快要毕业的时候他忽然绕过文理科楼之间的绿化带,跑上五楼来找我写毕业纪念册。

我想了想大笔一挥道:"能被你喜欢的那些年回想起来真开心呐,可惜你是射手座。"

他回复我:"这么多年啊,你还是不相信科学。"

不然，抱一下吧

　　Q是我高一时的前桌，性格内敛沉默，话语少得让人觉得自己前面坐着一座冰山。偏偏我是话痨癌症晚期，浑身都透着表达欲。刚开始我以为Q很讨厌我，因为每次我拜托他同桌那个女孩子给我讲化学题的时候，他都会往旁边轻轻地挪一挪椅子。也许是因为我太聒噪，也许是因为我不懂的化学题太多太浅显，总之我变得很小心翼翼，每次都挑他下课出去的时候才敢去问题。

　　直到有一天Q的同桌因为感冒请了一个礼拜假，我的化学题册上堆满了我怎么配也配不平的化学方程式，急得我晚自习抓耳挠腮就差切腹自尽了。就在这个时候，一个声音从我头顶上飘下来："这里，你把元素的离子数记错了。"

　　沉默内敛的人，大概都有一颗剔透珍贵的心。Q慢慢和我变成朋友，他身上有超脱于同龄男生的成熟和明智，处理事情的时候总是格外冷静理智。我因为太过迷糊，被他照顾的地方总是很多。熟识之后Q告诉我，他一点儿也不觉得我是个话痨，我每天和他同桌的各种碎碎念在他听来都很有趣。我仰天长笑，从此收起自己的玻璃心。

　　一个非常偶然的机会，Q告诉我，他父母在他还是个小孩子的时候就离婚了，所以他很长一段时间都不相信爱情和婚姻，觉得那些都是大人用来骗人的把戏。

　　我不知道怎么接话，只能安安静静地听下去。

　　他忽然停下来，很小声地说："直到我认识你之后，我才觉得不是这样的。顾影，我——"

　　我一愣，迅速地抬起头对他大大方方地微笑了一下，截断了那一句没说完的话："可是我们现在也没办法给对方一个真正的承诺啊，对吧？"

　　"可是我会尽力做到我承诺的事情。"他倔强的样子隐没在夜色里，只被忽闪的星光照亮。我骑着单车，开始加速，宁愿听见风声灌满我的耳朵，也不想听见一句太过年轻的誓言。我知道今晚星光很美，我知道年少的心意弥足珍贵，但是我更清楚自己内心里真实的想法。

那天之后我和Q渐行渐远，他看见我的时候总是远远就躲闪开。我怀抱着我的愧疚无从弥补，看着他申请调换座位，坐到教室的后三排，一有空就逃课跑去打篮球。

离开一班去学文科的时候，平日里一言不发的Q忽然站起身帮我搬桌子，班里一片嘘声，我满脸通红，但是没有拒绝。那个夏天我们作出了人生里第一个重要的选择，却并不知道以后的路途里还有多少未知的可能性。在那个十七岁的关口，大家听着窗外满树的蝉鸣，送走学文科的少数同学，心里都有些困惑和伤感。我想Q大概明白了我所说的那个"真正的承诺"，所以才会以这样的方式和我道别。

站在文科班的门口，我们相视一眼，都有些局促和尴尬。Q打破了僵局，对我轻轻一笑："不然，抱一下吧？"

我也笑了，点了点头："好。"

那个夏日的拥抱很轻很短，像一个故事讲到最后，抬手画上的一个句号。

告白即告别

信笺整理到最后，只剩一张小小的蒙尘纸条。我好奇地摊开来，看见上面潦草地记着一串十一位的号码。我困惑地努力辨认，却还是想不起来它们出自谁手。

门铃忽然响起来，原来是shopping完的闺密拎着大包小包冲进来看我。

"这个！"闺密甩手扔掉购物袋，跳上来抓住我的手腕，"你总算找到啦！"

"什么？"我疑惑地看着她。

"当年L转校的时候留下来的电话号码啊，你还因为他大哭了一场呢！你真的没有给他打过吗？"闺密的声音清亮得像把刀子，割开回忆钝重的表皮，探向尘封的内里。

曾有那么一个男孩儿日日陪伴我，却在某一年远赴他乡。我只记得临走时我们因为误会吵了一架，他走的那天我感冒在家，连欢送会也没参加。

回到学校之后，我看着空落落的后桌哭了很久。这张纸条，是他托人放在我桌子里的吗？

可是我们再也没有联系过。

而这张迟到多年的小纸条，就像是被遗忘在时光长河里的一颗小小白石。倘若我还是那个哭得梨花带雨的小女生，可能此刻我会迫不及待地拿起电话拨通它；可是时隔多年之后的这个我，只会微笑着把它夹进随手拿起的诗集里，转头问闺密："哎，新上的裙子好看吗？"

纸条藏在泰戈尔的诗集里变成飞鸟，你藏在我的回忆里凝成琥珀。

原来很多很多年后，那些追过我们的男孩儿，就像那些年夏日里转瞬即息的大雨，无论当初如何滂沱瓢泼，再被想起的时候，都只剩下云淡风轻的一抹微笑，浅浅地挂在唇边。

可是啊，你我都知道——那些年少的心意，曾经在某个瞬间倏忽而绽，都化作时光里最柔软的玫瑰。

左手叛逆，右手温顺

钟龙熙

安琪说，她最大的遗憾就是没有长成一个坏女人。

安琪是一个微胖的女孩儿，脸上长着点点雀斑，煞是可爱，头发不长不短，可是这个夏天她扎起小马尾以后我成了班上仅存的一枚短发女生。她不会过分在意自己的造型，刘海儿三七分，挡住视线了就剪。后面的头发扎得很低很低，因为头发尚短的缘故，我从后面看她不论哪个角度都觉得她的发型像中年大妈。

她说她喜欢凌乱美，就韩剧里的女主角飘飘长发被风扬起来的样子，带有一种不可言语的凄美，再配上那黛玉妹妹似的忧愁眼神，活生生一个乱世佳人的模样。只是，安琪对凌乱美未免理解得有些肤浅了些吧……不梳头发这叫凌、乱、美？！安琪，我只想说你做到了……前面两个字。

安琪五官并不出色但属于端正的范畴，可是她还是会为自己的容貌感到不自信甚至自卑。偶尔会发发牢骚说自己又矮又胖又丑，这时候我应该摸摸她的头告诉她："这世间不可能人人都是倾国倾城的绝色佳人，总有些人长得好看有人不那么好看，但是上帝在关上一扇门时也会善意地打开一扇窗。"老实说，我也不知道自己在絮絮叨叨些什么，但是我相信她会懂的。所以即使班长在口香糖的包装纸上写了"你最近怎么越来越胖了"这样令人有拿鞋底拍他的冲动的话递给她，乐观豁达的安琪还是会微笑着在背面写上"你这么说就是以前我很瘦啰"然后递给欠揍的班长。

上帝知道，玉皇大帝也知道，安琪是个好女孩儿。

安琪和每个人说话都是温声细语的，看到地上有倒下的扫把或者吹落的试卷她都会主动捡起来，会在烈日当空把自己仅有的伞借给别人，平时向她借什么东西她也从不会拒绝，路过讲台也要顺手擦干净黑板。我一度怀疑她是不是有另外一个名字叫雷锋。

安琪是那种典型的三好学生，从不迟到早退，黑板上布置的作业都会准时完成，课上不玩手机不吃零食不睡觉不开小差。没上过老师的黑名单，班干部们的扣分表里也从来没有出现过她的名字。听话得甚至有些无趣，就是她这样一副乖乖女的模样下，藏着一颗不为人知的叛逆到骨子里头的心。

安琪是个小资女孩儿，周末会乖乖待在教室学习，会在宿舍阳台养花，会在寂静的夜晚打着台灯看陶立夏的书，也会在学校周末影院盯着《有一个地方只有我们知道》里的徐静蕾犯花痴。至于梦想，她也觉得自己猥琐得搞笑，小时候幻想着长大以后可以成为电影里黑社会老大的夫人；长大以后想嫁一个外国人或者做一个在外国居住的华侨，做一个好妈妈，所以她在努力地学英语。

最颠覆我三观的不是这些小而真诚的梦想，而是她曾经最想做但是没有去做的事。甚至她还跟我说她是在坏人堆里长大的，对此，我打量一下她全身上下规规矩矩的校服装扮以及容易被人欺负的善良得跟玛丽苏剧里的小白兔圣母女主的温柔眼神，无奈翻个白眼，平静一下自己加速的小心脏，然后略带调侃地说："你怎么不学啤酒店老板写本《吉尼斯纪录大全》好方便吹牛呢？"

她一副就知道你不信的不在意的模样，对我不多做理睬。她转过身，手撑在阳台上，目光放远，遥望天空。夏天的天蓝得很纯粹，没有一丝杂质，云卷云舒之间尽显洗净铅华的纯洁之感。

她对自己的定义是魔鬼。

她一直觉得自己内心的世界是腐烂的，她叛逆地想学坏学生那样抽烟喝酒打架爆粗口，想拥有属于自己的一个小文身，想开辆拉风的摩托车谈一场轰轰烈烈的恋爱。

　　她说，如果魔鬼可以在阳光下肆意灿烂就好了。

　　虽然我一直不明白她说这句话是什么意思，但是一直很幸运的是，这一切她都只是想想而已，她还是那个美好的善良的安琪。

　　天空是善良的，白云也是善良的，阳光亦然。那么，喜欢蓝天白云阳光的安琪虽然不是天使，但她也一定是善良的。

　　她高中以前的故事充满了传奇色彩，说出来让人以为是八点档的电视剧情节。小学她是和附近的坏男生一起长大的，那时的他们天真无邪地享受着无忧无虑的童年，那时的安琪因为成绩好理所当然地成为了扎堆在坏小孩儿里的"大姐大"，自然也干了不少坏事。经常组队去偷人家的番薯，安琪是队里唯一一个女孩儿，所以她都是留下来放风而已；还会去田垄里偷甘蔗，在骑单车回去的路上一个接一个排火车似的，至今安琪还是会觉得那个场景充满滑稽感。

　　上体育课的时候他们也干过把讨厌的同学的书包从楼上扔下去的恶劣的事，安琪也有过和男生打架打得很凶的经历，至于逃课爆粗口不交作业这些都是家常便饭。但是坚强倔强的安琪从来没有为打架受伤而哭过，就是有一次手骨折了也只是痛得流眼泪了而已，并不算真正意义上的"哭"。

　　就这样疯疯癫癫地野了五年，升上六年级，因为成绩好老师一直以为安琪是个乖乖女，就本着"物以类聚"的原则把她调去和成绩好又听话的女生堆里。她还是会和那堆痞痞的但是很讲义气的男生一起玩，关系却不如从前密切了，和那些听话的女生接触以后她开始尝试着写作业。回家以后再不是嫌恶地把作业本像垃圾一样拎出来做做样子就完事了，而是认真对待端正作答。

　　因为女同学一句"你一个女孩子不觉得害羞吗？"而决心改头换面，曾挂在嘴边粗俗至极的言语她通通换掉，慢慢成长为一颗明日之星。在六年级那一年她就像变了个人，从灵魂深处开始净化，也是从那个时候她开始喜欢上一尘不染的蓝天。

小升初的考试，她如愿和那群将她感化成功的女生考上同一所中学。而那个暑假，她却鬼使神差地转学到了那堆坏学生的中学，是什么原因呢？她也不知道，大概在那堆女生说要去她家却很害怕那群坏男生时，她本能地维护他们说："干吗要怕他们，他们虽然有点儿坏，但是很讲义气啊，你一有困难的时候他们就会挺身而出的。"女生们用看怪物的眼神看着她时，就预示了这样的未来吧。

然后现实和理想总是有差距的。上初中以后，安琪因为成绩好被分配到重点班，那群曾经和她称兄道弟的男生们都在差点儿的班级。本来好像什么都没有改变，他们还是避免不了渐行渐远的命运，无法一起同行的伙伴最后都会沦为陌生人。安琪没有过多地去反抗和挽留，欣然接受这样的结果，她开始重新收拾好心情的包袱，全身心投入到学习当中，最后她考上了现在的学校——全市最好的高中，至于那群男生，后来听说他们都退学了。

安琪还是没能如愿地长成一个坏女孩儿。

如今即将要升上高三的她，偶尔还是会抱怨自己不是一个男孩子，还是像以前一样爱幻想，慢慢地也喜欢上了复古老旧的房子，喜欢去书店买一些好看的明信片。还保留着用怪异的方法做菜的习惯，把苦瓜切成丝，炸鸡蛋，煎香蕉……

安琪说，她在努力学习长成一个好人。

幸好青春从未走远

莫小西

毕业那天她们三个人躺在一张床上，喝完酒后用口红把脸涂得像妖怪一样，然后张牙舞爪地做鬼脸拍照。只可惜后来那些照片清理空间时被删了个精光。

"我喜欢他，我想跟他考同一个学校！"夏南辰把刘海儿往后梳起，嘟嘴卖萌。

"希望考试时他能坐我的前面，我只需要抄他的选择题，就可以跟他在同一个学校了。"唐七七放下手机，很认真地说。

夏南辰一巴掌拍在唐七七的头上："你是傻吗？也不看看就你那成绩，人家小胡子可是学校的重点培养对象！"

黎深深默默地玩着手机，没有说话，直到夏南辰转过头问她："你呢，深深？"

"我……"黎深深头也不抬，"我不会去他的城市了。"

鱼小姐和她的猫

"小胡子"姓余，所以唐七七称自己为"鱼小姐"。

七七和"小胡子"是初中同学。据七七说，他们那时候是同桌，"小胡子"的手经常被七七掐得青一块紫一块的，可他也不还手，任由

107

她开心就好。黎深深总是笑七七跟那些俗不可耐的偶像剧一样，把同桌处成了心上人。

夏南辰第一次看到"小胡子"的照片是在七七的学生证里。那么清秀的一个男孩儿被七七用签字笔添了两撇小胡子，像极了老旧影片里的卓别林。于是夏南辰跟黎深深就叫余先生为"小胡子"。

"小胡子"是个学霸，中考完他就被外省的重点高中录取了。我们县城每年都会有两三个这样的学霸被重点高中破格录取，而"小胡子"很幸运地成了其中一个。

七七一直都很努力，可是成绩总是不尽人意，会考时"小胡子"回来了，他给七七写了很多封长长的情书，把七七感动得稀里哗啦。

高考前两个月"小胡子"被复旦大学提前录取了，他本来可以背上背包拿着单反去环游世界的，或者回到七七的学校帮她恶补数理化。

可是他拒绝了，他的目标是跟七七一起考武汉大学。我跟夏南辰各种挖苦讽刺带打击地攻击七七，可她就是不死心，整天求神拜佛，祈求高考时"小胡子"能够坐在她的前面。

"我们县一万考生，'小胡子'能坐在你前面的概率为一万分之一，与其想这些不切实际的，不如多刷一些数学题吧！"

"梦想还是要有的，万一哪天实现了呢？"

黎深深给了七七一个大白眼，随之戴上耳机听歌。

其实她们都知道，以她们现在的状态要考上一个本科是很难的。

暗恋是件心酸的小事

在高考这场兵荒马乱的战争里，所有人都为了那个三位数拼得头破血流时，夏南辰告诉黎深深她喜欢上了一个男生。

夏南辰故意拉着黎深深绕过他的教室，他正低着头给一个女生讲题。要不是黎深深力气大拖住了夏南辰，她绝对会像个疯子一样冲进去的。

"既然喜欢，为什么不告白？"

"恋爱是从暗恋开始的！"

……

每一个晚自习之前，她们三个都会围着操场一直跑。夏南辰跑累了，就盘腿坐在篮板下，偶尔她的男神投了一个帅气的三分球，她就拍手叫好。

其实夏南辰平时是个大大咧咧的疯姑娘，可是当她面对自己喜欢的男生时也会红脸。

夏南辰在篮板下坐了两个星期后，偶像剧里的狗血剧情发生了。

夏南辰正专注地看着男神时，他手中的篮球飞了过来，夏南辰躲闪不及正好被砸中头部。毫无疑问，夏南辰"啊"地叫了一声。男神飞快地跑了过来。

"同学对不起，你没事吧？"男神慌张地揉了揉夏南辰的头，却不小心弄乱了她的头发。

"哦，没事没事！"夏南辰的心瞬间融化了，就像夏天太阳底下的冰激凌慢慢地变软，发出甜腻的奶香味。

"我看你每天都在这里坐着，你喜欢的人在这里吗？"

"这个啊，保密！"

你在北方的寒夜里

黎深深喜欢的男生是在网上认识的，那时候她高一，他高三。一个在北方，一个在南方。黎深深创建了一个QQ群，取名为"北执"，到高二时因为忙学业而解散了。那个男生，我就暂且叫他北执吧！

有人说，一定要珍惜陪你彻夜长谈的人，还有教会你成长的人。北执就是在黎深深失落时给她鼓励，得意时泼她冷水的人。

黎深深高二以前他们一直通过信件交流，直到北执高考过后才听到他的声音。

"就像冬天盖满雪的树枝突然折落下来，落到我的脖子上，我打了个寒战，瞬间从死亡的气氛中清醒过来。"

黎深深第一次听到北执的声音，她是这样描述的。

"有没有这么夸张？"

"那你相不相信信仰？"

黎深深跟北执约好，高考后去北方上大学，他们要一起去鼓浪屿看海，去长春看雪。像是打了鸡血一样，黎深深每天都很努力。

远方有良人，隔我千万里。

可是后来我们所期待的那个故事情节并没有出现。就像一场马拉松，在起点北执一直鼓励着黎深深，跑到中途时北执以为黎深深能自己坚持跑下去便离场，留下黎深深一个人奋力地向终点跑去。黎深深也想过要放弃，可是这场比赛始终是自己的人生，不管有多少人走进来，有多少人离开，你的目标都是终点。

"也许终点会有阳光呢？"黎深深想，"就算没有人同行，喜欢的地方也要一个人把它走完吧！"

后　来

后来，"小胡子"考上了武汉大学，而七七却选择复读。夏南辰考得也不是很好，当男神笑着问她你敢不敢跟我再奋斗一年时，夏南辰小鸡啄米似的点头。黎深深上了一所本科院校，偶尔在空间可以看到她四处流浪的动态，只是那些地方离她的梦想还差一点点。

希望"小胡子"不要像北执一样丢下正在努力的唐七七；希望夏南辰可以跟她男神考上一所不错的大学；希望黎深深能够早点看到终点的阳光，触摸属于自己的温暖。

我不是唐七七，不是夏南辰，也不是黎深深。我，只是一个说故事的人。

致我们永不逝去的青春

落木萧

致我独一无二的菜菜

菜啊，个子小小的你上了大学还有没有被人误认为是初中生呢？善良好说话的你还有没有被人赖着天天带早点带晚饭呢？八卦的你还会不会在扒出别人的小秘密后一脸兴奋两眼放光呢？

我不会忘记那年夏天我们下课逃出校园突降大雨顶着防雨功能超强的校服冲回教学楼却依然淋成狗的样子，我不会忘记晚自习下课我们俩在操场上漫步抬头边数星星边埋怨煎熬的日子比天上的星星还要多，我不会忘记你学旁人在我面前撩起衣服露出肩膀装小女人的妩媚样。

谢谢你菜菜，能在我孤独的时候陪伴我到处溜达消磨了一个又一个课间，能在我没吃早点的时候骂我几句然后陪我去学校后门买我最爱吃的煎饺，能在我撑不下去的时候陪我在操场上一圈圈地跑下来从不抱怨……

谢谢你默默地陪伴，我独一无二的菜菜。

111

致我一本正经的弟弟

你比我大两个半月但你却一本正经地叫我老姐，明明外表是个汉子内心却十分萌萌哒。说来我们还真是有缘，刚进初中就做了三个月的同桌。

想当年你也真是够笨的，削个铅笔还能把手划伤跑去医院缝了几针，回来的时候只看见你被纱布裹得严严实实的咸猪手一只。多亏我善心大发每天放学都帮你收拾书包，不然真不知道你这么笨该怎么办呢？

咳咳，说起来我们好像不是很熟吧，自从高中不在一个班之后就没怎么碰过面说过话了。至于为啥被你叫成老姐不过因了当初几句玩笑话罢了！

可是你却很认真地和我说，要把你当成弟弟。嗯，其实有些人有些事我们都不曾忘记对不对？

原谅我这个八婆的老姐每次跟你聊天都八卦你的感情史，毕竟这是女人的天性嘛！啦啦啦！说实话，姐姐我还是蛮喜欢你的啦！

你跟我说大学一定要好好努力出人头地，我也希望你在高四能好好地拥抱属于你的未来。

晚安，亲爱的弟弟。

致我可爱美丽的小君君

喜欢语文老师毛仔的你追随他的脚步学了汉语言文学然后天天吐槽课程满作业坑爹的日子还好吗？说真的，我好想你。

想念你坐我旁边或前面不间断地用软萌软萌的声音喊我童童喊到我理你为止的样子，想念你晚自习拉着我在操场上跑圈跑到上课迟到脸不红心不跳的样子，想念你每一天晚自习放学还陪我呆在教室自习半小时然后一起回家路上嘻嘻哈哈的样子。

你闲来无事就把"××，你好美"挂在嘴边当口头禅，还要配上一副面带微笑假装正经的古怪表情。

小君君，我想告诉你，你真的很美，无关外表。当你滔滔不绝面带自信和我讲时政讲新闻的时候，当你在全班面前发表演讲的时候……那些时候的你，真的很美。

不论过去、现在或是将来，我都会记得曾经那个最美的你。

致气质女王酷炫

第一次见你时，你刚经历了一次失败的高考转到我们班补习，本宝宝立马两眼放光，为看见了你这个大长腿大眼睛的大美女。

第一次在班上唱英文歌便惊艳全场，明明女王气质hold住全场还愣喜欢卖萌耍宝。在和你混熟之前，我一直以为你走高冷路线呢，毕竟你很有女王范儿啊！

高三最后一次调座位，缘分让我坐在了你的前面，每次见到你你都会用软萌软萌的声音喊我"班长~"，你晃着白白的胳膊打招呼的样子活脱脱像一只卖萌的招财猫。成天把"我好胖我好胖"挂在嘴边的瘦子一只，安慰过你几次无果然后就开始不客气地毒舌的我被你贴上了"腹黑毒舌"的标签。

还记得高考完聚餐的那个晚上，你酒量不好喝得满脸通红倒在基友的怀里，然后我跑去跟你表白说我好喜欢你。说真的，酷炫妹纸，我喜欢你这样的女孩儿，外表美喜欢笑性格好，要是我是男的，我早就追你了哈哈哈。

所幸，你遇见了一个心疼你的男孩儿，班长在这里祝你幸福，么么哒……

致怪力女狒狒

天生神力，特别能吃肉肉，结实，但又不胖的女汉子一枚。

和我一样追柯南的狂热迷，我是为了剧情然而你却是因为迷上了服部平次那个和你一样黑的小伙子哈哈。初中高中同学，你就是个天生外向的开心果加暴力女，有你的地方就有打闹。性格外向的你人缘爆表，男女通吃，爱占便宜又超级能吃，不长肉都长力气去了。

最喜欢吃你从你婶婶家带来的甜柚子，喜欢去你家蹭你厨师爸爸的手艺，喜欢听你八婆唠嗑和你嬉闹互打。字丑的我羡慕你工整秀气的字迹羡慕了五六年然而我也只是一直在羡慕。以后不许再对我动手，小心八婆过你的暗恋史及表白史的我全给你抖出来！

希望你在大学学好日语，早日脱单哟……

致我曾经伤害的你们

我向你们道歉，对不起，因为我的骄傲，我的少不经事，做出了一些很伤人的事情。我曾经一度地讨厌你们，把你们拉进人际交往的黑名单，到了最后我都忘了当初讨厌你们的原因。

你们的初衷也许只是想和我做朋友，可是戴着有色眼镜看人的我选择了逃避冷漠甚至语言攻击。再后来，我们形同陌路。

每个人都有自己的骄傲，都有自己的闪光点。

而我只是一个无限放大你们缺点的傻瓜。

到最后，忘记了为什么厌恶，却依然因为厌恶而厌恶。现在，经历了更多的人和事，我才发现，要放下顾虑不怕拒绝地去关心一个人是多么难以启齿，能够得到别人的关心又是多么难能可贵。虽然早就和你们断了联系，我也不知道现在的你们身在何处，正在经历着什么，又收获了什么。

欠你们的一声"抱歉"怕是再也没有机会当面说给你们听了，只愿你们的未来一切安好。

致不完美不自信但最爱的自己

即将过去的2016，你过得好吗？这一年，你经历了一次次刻骨铭心的努力，经历了一场阴差阳错的高考，经历了期盼已久的没有作业的暑假，经历了一场无法避免的离别，经历了长大成人的19岁生日……

亲爱的你，不管过去的一年有多少遗憾离别和不舍，你都要微笑着往前走。还记得你的梦吗？你也曾一时兴起为你的梦想做过丝毫的努力，你也曾沉迷于种种诱惑无法自拔，你也曾以为自己与众不同却终究因为现实承认自己渺小如沙……不管过去如何，2017终将是一个全新的开始，你已经不再是孩子了，好好珍惜那些爱你的人和你爱的人，放手为你的梦想去拼吧！

趁，青春未老，我们未散。

115

柚子花开，那一段流年的繁华

刘 斌

木木走了，她拖着一个巨大的红色皮革行李箱，另一只手紧紧攥着栏杆，跌跌撞撞地下楼梯。我抱着一摞书回宿舍，正好碰见像蜗牛一样的木木，她低着头自顾自地走路，与我擦肩而过的时候，粗粗的喘气声一直在我耳边震动，汗水浸湿了她散落的碎发。我站在拐弯处，张大了嘴巴想说些什么，可是木木始终没有回头，一步一步消失在我的视线里。

回到宿舍，思媛和欢欢正趴在桌子上摆弄木木送给她们的离别礼物，我径直走到自己的桌子旁，空空如也的桌子在阳光下发亮。欢欢拍拍我的肩膀，喃喃地说："别难过，林娟和大家说了，她只是为了准备考研找个安静些的地方才从宿舍搬走的。"林娟是木木的本名，木木是我对她的昵称，我们曾是最好的朋友。

我坐在椅子上，静静地凝视着窗台上的柚子花，玻璃瓶在阳光下闪烁五颜六色的光芒，空气里弥漫着沁透心脾的香气，我的思绪随着花香飘回到一年前。那天是新生报到，我拖着大包小包站在宿舍门口喘气时，木木穿着黄色的T恤站在凳子上擦柜子，回头明眸皓齿地向我微笑。下午，我们将市中心来来回回逛了个遍，身子像衣架一样挂满了大大小小的购物袋。回到宿舍整个人像吸水的海绵，软绵绵地趴在床上。木木光着脚丫子爬到我的床上，扬着脑袋一脸认真地对我说："冰，我有一种直觉，我们会成为非常好的朋友。"后面的话我已经记不清了，只记得那晚我们窝在一起，满嘴跑火车，天南地北漫无目的地聊着。光从树梢挤进来，铺满了床。

开学后，我们迎来了新生军训。"抬头！挺胸！收腹！双手贴近裤子边线，眼睛瞪大，目视前方，军姿站好！"毒辣辣的太阳吐着火红的舌头，宽大的迷彩服浸透汗水后竟然黏得前胸贴后背，不时散发着一股闷臭。整个队伍像一排晾晒的咸鱼。我双脚被水泥地烫得生疼，有热浪一层一层向脑袋奔涌。突然一阵微风徐徐吹过，夹杂着淡淡的清香。"冰，你看前面！"木木悄悄地用胳膊戳了我一下，又赶紧缩了回去。我抬头看见不远处有一棵柚子树，密密匝匝纯白如凝脂的花儿鞭炮似的炸上了树梢，绿叶来回摆动，像起风的海。

"一朵，两朵，三朵……"我在心中默默地念着，直到耳边响起了收训的口号。木木挽着我的胳膊坐到柚子树下，"你刚才数了多少朵？"木木问。"五十二朵，你呢？""不可能吧，我数了好多遍，是四十六朵呀。""那我们下午站军姿的时候再数一次好啦。"漫长的军训时光转眼变成了我记忆里美丽的泡沫，每一个泡泡里都映有我和木木在柚子树下打闹的场景。

我们每天去食堂都要从那棵柚子树下走过，柚子树仿佛与我们很熟络一般，每次都会摇晃着枝干送来缕缕清香。我和木木都很喜欢柚子花香，常常在新雨后跑到树下捡掉落的花朵，柚子花呈小小的星形，皇冠般的花蕊，放在笔袋里，可以香好几天。没过多久，柚子树结满了拳头大小的果实，在风中不停地招摇着，惹得我和木木分外眼馋。后来我们每次牵手奔去食堂，跑经柚子树下都会习惯性地放慢脚步，抬头仰望那些果实。几场秋雨过后，果实日渐膨胀，把树枝压弯了腰，我对着木木露出了狡黠的笑容，她向我投来心照不宣的眼神。一个周六的下午，我和木木把宿舍里的板凳拖出来，满脸兴奋地从六楼往下冲。木木一边扶着板凳，一边四处张望放哨，我踩着板凳踮起脚尖，双手一下子就握住了肥圆的大柚子，卯足了劲儿用力一扯，听见"咔"一声，枝叶疼得乱颤，柚子在我手中打了个转儿砸到了木木的脚上。我们抱起柚子横冲直撞地跑到了湖边，坐在木椅上，发现手中的柚子和买的有些不一样，是绿色的糙皮，长满了"痘痘"，样子丑丑的，敲一敲，水分饱满。木木力气大，柚子厚厚的外衣三下五除二就被剥得干干净净，袒露出了水灵灵的胸房。撕去最后一层薄皮，一口咬下去，满嘴化不开的苦涩汁水，舔舔嘴唇又多了丝丝甜，越吃越有味。木木甩着满是汁水的手故意往我身上蹭，空气中满满的果香。

"好吃吗？""好吃。""下次还摘不？""摘！"

每一场相遇的开始都是结束的倒计时，只是我从没想过有一天会和木木形同陌路。木木站在走廊和她父亲吵了一晚上，第二天我们坐在树下，她一脸疲惫地对我说："冰，父亲希望我读汉语言文学师范专业，以后出来当老师。我下午就去办理转专业手续了。"我沉默了很久没有回答，这就意味着我和木木形影不离的日子可能告一段落了。争吵毫无征兆地仓皇到来，年少时的争执就像是一场兵荒马乱的战争，我们一边捂着自己流血的伤口，一边用残酷的言语刺伤对方。第二天我拿着新鲜的柚子，坐到木木身边，喃喃地说："木木，我想了很久，有时候我把你的好当成理所当然，而没有花时间去顾及你的感受。""现在说什么也没用了，有的感情断了就断了。"木木把我送给她的礼物全部丢进我怀中，她的背影被夕阳无限地拉长，直到消失在拐角。时间并没有将我和木木心里的积雪消融，反而变成雪球一样越滚越大，终于像雪崩摧毁了我心中所有的期许。

秋风起了，又是一年新生军训。响亮的口号在操场上回荡，放眼望去绿压压一片。我和茜茜坐在栏杆上吃冰棍，调侃今年的军训没有我们那年辛苦严格，双脚在空中愉快地摆动。曾经以为无法愈合的伤口在时间里结出厚厚的痂，只是偶尔用力触碰，还是会隐隐作痛。我常常在一个人的时候想起木木，想起她曾怨怼我没有在乎与她的那份情谊。木木的离开让我倍加珍惜身边每一份来之不易的爱。我站在柚子树下，仰望着头顶的那一片绿色。"有些人在教会我成长与爱后悄无声息地离开，对吗？"柚子树静默在雨中没有回答。有风吹过，我捡起掉落的柚子花，脸上凉凉的，原来是流泪了。

柚子树又开花了，抹抹纯白翘在枝头。我经过树下，花香浮动满襟袖。那段逝去的情谊往后走，渐渐成落光了叶子的枝干，有一点儿灰褐的黯淡，但是我的心会是那爬上枝头的柚子花，结成我曾摘下的那枚柚子，甜中夹杂着儿一丝苦，最后味道散尽，仍留下满口清冽的香气。我从来不后悔，曾经努力去摘过它。

119

坠　落

卢京一

1

这次期末考出了点差错。不是出卷人的毛病，是考生使坏。不知哪位高材生，从实验室偷来化学试剂，一大叠考卷还没交到改卷老师手里便烧毁大半了。

年级组只能重新组织考试，改卷也十分仓促，喊来学生帮手。江雪是老师最得意的门生，被叫来了。

英语老师端着一杯茶，揭起茶盖，热气蒙了面。

"江雪，这次有把握吧？"

改着考卷的江雪抬起头，看着老师被雾蒙着的脸，心里几分忐忑。最终还是垂了眼，安静道，"还行吧。"

老师一下把雾气轻巧吹开，起身到江雪一旁，居高临下看着他，手掌稳稳地落在他肩上。

"我们班今年能不能拿下第一，就看你们几个了。"

"可得让老师和爸妈过个安稳的好年啊。"

2

江雪回去的路上碰见苏凡。苏凡可是个学渣，每隔三天去水库野钓，每两天去网吧通宵，余下的时间都在打瞌睡，偶尔研究一下旁门左道。

"给你说个秘密，"苏凡附到江雪耳畔，"那些试卷，是我烧的。哈哈。"

江雪看着他的目光，忽然带了点自己都意识不到的羡慕。

"祝你过个好年。"

"你也是。"

3

还有五天就除夕了。今年的家庭聚会在江雪家办，爸妈和哥哥都忙里忙外。

"大姑婆大叔公他们都会来，你去年理科省状元的表哥也会来，听说他现在跟着同学组了个团队，研究新能源呢。"

江雪抬着桌子，跳过妈妈的话："桌子搁哪儿？"

"江雪，你的期末成绩怎么还没出？"

"不是说了年级有人闹事。"

哥哥提着一瓶醋回来，手里还有一封信，扔给江雪。

"你们学校现在流行给学生寄成绩单了？"

江雪没回话，妈妈眼疾手快把信封抢了过去。

江雪把桌子撂到一旁，却没再有新的动作。他看着妈妈拆信，突然想起改卷那天。

那天先看了一遍答案。心猛地沉了下去。随后翻开考卷，一张，又一张。大部分人都不会错的题,她偏偏选错,简直是玩笑。但多少还有些筹码。数学最有把握能拉分。政史地也完全没有问题。英语的失利应该不算严重。

"老婆,快来帮忙!"

妈妈被爸爸叫去帮厨了,拆了一半的信被搁置在桌上。江雪的手一寸一寸探向信封。拆开了。

4

江雪去买药的路上又碰见苏凡了。

苏凡先是一愣,随即轻轻碰了碰他的脸颊:"你脸上的伤怎么回事?"

江雪神色有些躲闪:"给猫抓的。"

"是不是你妈又打你了?"

江雪没做声。

"你家里人真是,从小就这样苛刻,谁能知道你的年级第一是爸妈打出来的?"

江雪叹了口气:"英语没考好。下次努力吧。"

"这还没过年呢,你就伤痕累累。等七大姑八大姨都来了,你可得怎么办!这样吧,办公室的钥匙我以前就备份过了,我去帮你把考卷偷来……这样你就可以跟老师说是卷子改错了。"

江雪看着苏凡,不知说什么好。

5

"有人要跳楼了!快来人啊!"

"谁跳楼了?"

"好像是文科尖子班的江什么雪，期末考失利，就拉上别人去办公室偷考卷，被保安发现了，现在没脸见人了。"

"对啊，还听说他当校长的舅舅打算处分他呢！"

众人正热议，班主任正赶往天台，还差几个台阶。众人只听得轰然一声，随即惊恐的尖叫此起彼伏。

6

"不怕困难，不怕敌人，顽强学习，坚持斗争……"

终于被铃声惊醒。江雪接起电话。

"江雪啊，这回英语改卷时间仓促，你能不能来帮个忙。"

"好的。"

挂了电话发现五六个未接，都是英语老师的。

江雪脑子里一片空白，感觉到一身冷汗黏住了睡衣。突然有点儿想不起来做过的梦了。

最美的女人

倾城流年

今天看到同学转发的说说：《中国最美的女人前二十名》，有提示词说"第一名竟然是……"好奇心促使我点开来看第一名到底是谁。手指飞快地滑动手机屏幕，触动心房的答案让我瞬间红了眼眶。

原来最美的女人是妈妈啊！

心里酸酸的。妈妈，我想您了，特别特别地想。回学校都一周了都还没有打过电话给您，对不起。原谅我还没有从高考失利的阴影中走出来。您知道复读是我从来都不敢想的。您也说过复读就复读呗，万事有妈在呢。也是因为您这句话我才有勇气下决心回来复读的，可如今我还没有调好心态，还是让您担心了。

妈妈出生在一个贫穷的农村家庭，小学没毕业就出去打工了。外公说妈妈很孝顺，那时候妈妈的月工资是一百二十元，而每个月寄回家的钱就是一百元。阿姨曾问妈妈自己都不用买东西的吗，寄回来那么多钱？妈妈说工厂里包吃包住又不缺什么，拿那么多钱来干什么。可有一天妈妈因为营养不良晕倒在厂里。阿姨说妈妈一瓶腐乳能吃一个月。妈妈节约的习惯一直到现在都有。我们不在家的时候，妈妈从来不买肉吃。她说猪肉价格那么贵，天天吃那还得了！

初中时住宿，学校离家较近。妈妈送菜给我们，阿婆说妈妈是买多少猪肉回家煲就送多少去学校给我们。妈妈说她有鸡蛋吃。可妈妈有高血压是不能吃鸡蛋的，妈妈还留着鸡蛋让我带回学校去煲。记得那年妈妈生日，我打电话回家问妈妈有没有杀鸡吃。妈妈说都忙死了，又要晒谷又要摘豆，哪里还有空儿杀鸡啊？其实我们都知道妈妈只是舍不得杀鸡自己吃而已。她想留着等我们放假回家再杀给我们吃，她想让我们能多补充点儿营养。是不是每个母亲有了孩子后都会忘记对自己好呢？

妈妈的胃不好，有很长一段时间都在打嗝，看了好多医生吃了好多药都没好。后来不打嗝了但不时放起响屁来，还是很臭的那种。妈妈经常抱怨说花那么多钱都治不好，这屁怎么都控制不住。但后来和我们吃饭的时候、和村里的大婶们打牌的时候控制不住，妈妈已经能做到脸不红心跳不加速了。所以我相信妈妈的胃病很快就会好了！

妈妈是地地道道的农村妇女，骂人的时候带脏话，皮肤粗糙黝黑，笑起来洁白的牙齿也不及眼角的鱼尾纹来得美丽。手背青筋暴突，手心是厚厚的老茧，摸起来扎人。明明才四十几岁的人，短黑的头发已有了刺眼的白发。阿姨说妈妈年轻的时候很漂亮的，有很多人追。看照片就知道了，长发及腰，笑容迷人。因为有了我们三姐弟，妈妈才老得这么快，才有了水桶腰。无论何时我们要好好孝顺妈妈。以后出来工作了要拿多点儿钱给妈妈用。每次说这些话的时候，妈妈都是笑着说以后我们不嫌弃她老不中用就很好喽。我们攒的钱够自己花就已经很厉害了，哪那敢奢望我们给喔……妈妈对我们有多不放心呐？

妈妈四十多岁的时候才学会使用手机，是我们手把手教的，有时教了好几次，妈妈还是记不住怎样使，我们就忍不住地发脾气，妈妈也不生气，等我们消气儿又继续让我们教。妈妈说学会使用手机和我们通话就方便多了，不像座机那么麻烦。妈妈啊，谢谢您爱的宽容。

我是妈妈的第一个孩子，也是妈妈最操心的那一个。小时候隔三差五就生病，有时候半夜发烧，那时候妈妈还没学会骑摩托车，大半夜的背上我打着手电筒骑着自行车就出门了。婶婶打趣说妈妈的胆子都是被我逼出来的。所以在庄稼生长期的时候，妈妈经常一个人深夜去田里看水，让水流进田。我是睡觉很浅的人，晚上妈妈起床出去我都会醒，无奈妈妈只能带上我。那时候还小，我就想着要妈妈陪我一起睡觉。如今妈妈的背有点儿弯，我觉得都是我造成的。妈妈开玩笑说是我们不努力读书造成的。

家里有三个孩子读书，对农村的家庭来说是个不小的负担。如果我们不懂事不勤奋或枉费妈妈每天起早摸黑干农活了。妈妈虽然读书不多，但她说她知道读书是农家子弟最好的出路。妈妈一直都尽她最大的努力给我们最好的。爸爸说如果以后我们出来工作了，对妈妈的好能及妈妈对我们的十分之一妈妈就会很知足了。

每年的夏秋季是稻谷、荔枝、龙眼成熟的时节，也是妈妈一年中最忙最辛苦的时候，我们也刚好放暑假，天没亮妈妈就叫我们起床帮忙整理好头晚摘回来的荔枝，然后妈妈再上山去摘。等到中午妈妈卖完荔枝回家，收割稻谷的人就来叫妈妈去把稻谷担回家。这样忙还经常碰上下雨天，有时候刚把稻谷晒好天就下雨了，妈妈说要命啊，赶死人喽！所以整个暑假过去妈妈会瘦一大圈。妈妈的肩膀上起了厚厚的一层茧，摸上去硬邦邦的。

妈妈说一年中最清闲的就是过年了，体重也会上升好几斤。有时候妈妈也会感叹谁谁谁家的儿子结婚了；谁谁谁家的女儿出来工作了，还谈了个隔壁村的男生做朋友；谁谁谁又做阿婆了……然后妈妈就开始期待我们什么时候出来工作结婚生子哟……我们无语。妈妈的担心永远都是那么长那么远。

微博上有人说：妈妈不是我们生活的全部，但是我们的唯一。是啊，妈妈，我们的唯一。妈妈是农民，比城市里同龄的阿姨看上去要老很多，要说我的心里没有过自卑没有过抱怨没有过嫌弃那肯定是骗人的。可不管她是年老还是年轻是美丽还是难看是富有还是贫穷她都是十月怀胎把我们生下来并不离不弃把我们养大的母亲。妈妈始终是我们的唯一。她不嫌弃我们就已经很好了，我们还有什么资格嫌弃她呢？妈妈，我们都很爱您呐。

我爱你我的时间

对不起，我很爱你，我的时间。

从我出生的那一刻就拥有了你吧？不不不，是从我在妈妈肚子里形成的时候，我就拥有了你，属于我的时间。

第一个七年，我像一个自由自在的鸟，到处飞，停不下来，非常开心，不懂得什么叫束缚。

不喜欢的就是被妈妈逼着吃饭，然后，不吃又会饿，好烦啊。

然后我暗暗下定决心，长大后，一定要发明一种东西，就是可以不吃饭，不过永远不会饿着自己的食物。

可是那一天，到现在还没有到来。

没错，我这么小，就显露出偷懒的病症了，现在简直就是虚度光阴，我好怀念七岁的自己穿着奥特曼的小内裤下池塘抓鱼的模样，天真可爱。现在找不到了。

因为我没时间。现在的时间，过得身不由己，手机，学习，永远占据着我的全部。

从前永远在怀念之中。

十岁，老师问我以后的职业。

我说，我要画出全世界。

老师笑笑，不说话。

等我再长大一些，明白了里面的含义，我第一感觉就是气愤，然后就决定要证明给她看。

现在她还在小学教书，有时候见到她，觉得她的眉眼更加慈祥了。

我会想，是不是我看错了，或许她那时候不是这个意思，不过我不敢上前问她。怕我现在一事无成的模样出现在她的面前，变得更加否定了。

我的梦想有点儿遥远，不过有时候又觉得它离我很近，触手可及。

初中是我学习的一个分水岭，走在前面的，是年少轻狂。

后面的，我完全变了一个样子，努力学习，虽然一点儿进步都没有，变得很文静，对那些早恋的少男少女嗤之以鼻。

可是看《那些年，我们一起追的女孩儿》哭得很惨烈。我想，我内心还是有那种感觉和寄托的，不过我已经成熟了，把它藏在了美好的未来。

高中，是我觉得过得最快的时光。

像隧道里面的火车，一瞬间，就要过去了。现在的我，是一名超级标准的高三狗，每天起早贪黑的，偷懒一个小时用两个小时的努力给补回来。

害怕自己奔跑的速度比不上父母老去的速度，我很爱他们，希望时光可以宽待他们，让他们慢一点儿，再慢一点儿变老。

有时候累了，趴在桌子上眯一下，会突然惊醒，觉得自己会到一个未知的未来，没有温暖的避风港，没有妈妈做的饭菜，没有爸爸的语重心长，没有家里熟悉的欢声笑语。

然后我就哭了。

不想长大，是真的，不想失去一切，不想自己还有自己爱的一切有任何的变化。

现在终于明白那些中年妇女为什么那么害怕变老，我的感觉跟她们一样深刻。

时光变成皱纹刻在自己的脸上，染白了自己的头发，时光变成了身体的一部分。

让自己更加清晰地感觉到，时间行走的力量。

我的时间啊，慢点儿，再慢一点儿，我努力地追赶你。

还有，我爱你。

男生宿舍

zzy 阿狸

　　我找不到词来形容寝室，只是想和你说说关于北楼204这个寝室的故事。很多人挺好奇理科重点班的宿舍是怎样的，我只能说，只有你想不到的事，没有我们不敢做的事。

1

　　自从菊华和咸湿的两张床合并在一起后，整个班都知道从此这俩人的节操是路人了。

　　俩人都嫌弃对方，你觉得我太骚，我觉得你太色，平时冷嘲热讽，"三八线"也就算了，但有一件事真的不得不提。

　　那天晚上借遍天下无敌纸的咸湿买了一卷卫生纸倍儿高兴地走回宿舍，回到宿舍门口时突然玩心大发，把纸巾往二楼走廊一扔，打算等会儿冲上楼后再捡。就这么不是正常人能做得出的行为其实已经注定这个故事的发展肯定没那么简单。

　　他挠破脑袋都猜不到这时候他的床友菊华正好走到二楼走廊，还沉浸在奥斯卡颁奖礼盛况中的菊华被这么一卷天降的纸巾吓着了，很不巧这家伙也是借遍天下无敌纸，正好一卷纸巾从天而降，那么既然天意不可违，就捡了起来屁颠屁颠地跑回宿舍。

我那时候正好在收拾衣服，看到这万年铁公鸡竟然带了一卷维达纸巾回来感叹不已，他说今天开心买了卷维达纸巾不行么？放好后，他屁颠屁颠地跑去刷牙。

几秒后咸湿回来了，他一推开门就一脸懊恼地喊："真没天理啊，谁这么缺德捡了我的纸巾！好不容易省下钱来买了一卷，刚扔上二楼就不见了！"我当时还没把这两件事联系在一起，便随便一问："你买的什么牌的？"咸湿说："维达啊。"

我这时候才停止收拾一团糟的衣服，是时候站出来为民除害为正义伸张了，当然全程我都是坐着的，懒得站起来。我大胆地假设是菊华捡了咸湿的那卷纸巾，并把整件事描述一遍，最后还强调了菊华那卷纸巾也是维达的。咸湿一听立马激动地乱翻菊华的床，终于找到了那卷命运坎坷的纸巾，他恶狠狠地盯着菊华，菊华这时候正在后阳台边扭屁股边刷牙，别提多开心了。

经过一轮逼问，菊华满嘴牙膏沫地承认后还作无辜状地反驳："我明明在原地站了很久的！你没来我没办法啊！"这时候与他同行的灿锐看不下去了，冷冰冰地说："你捡到后犹豫连一秒都不到就跑了。"所有证据都对菊华不利，菊华唯有认罪。

呵呵，你以为认罪就完事那你就错了，204才不是一个团结友爱和睦共处的寝室。

接下来各种口诛笔伐，大家还就小红帽事件学以致用地指责菊华说："这个男人坏坏的~连一卷纸巾都要捡别人的！"肥确还爆出了当年高一的时候菊华帮他买方便面每包多收三毛钱的不良行为。实在天理难容！

那天晚上整个宿舍乱哄哄的，一直闹到熄灯后还在继续。菊华假装哭了求同情，好不热闹。

但现在那个宿舍怕早已住满了灰尘吧，可能只有我那张床板里躲着的木虱还在叽叽喳喳地说话。

接下来介绍一个重量级的人物——肥确。一位在教室里都热得巴不得光着膀子的胖子，在宿舍里会以怎样一副惊世骇俗的模样亮瞎眼地登场，我只能说住了这么多年宿舍，从没见过能把短裤穿出内裤感觉的胖纸，呵呵。

肥确洗澡的时候有一癖好，喜欢唱歌。其实唱歌也没什么不好的，当作轻松娱乐真的挺好。肥确的确挺能唱，但是让我，哦不，是让全体室友难以接受的是他来来去去只会唱那几首，唱腻了竟然还自带手机播放原唱。我的理解是他想赤裸裸地让我们知道他和原唱到底差多远。这孩子真懂事。

当然肥确也有一门看家本领，书法。我们班的语文老师是梁副校长，贵人事忙啊，忙到教了我们一个学期多只认得肥确一个人。因为肥确从初一开始就不断地上台领书法类比赛的奖，而颁奖嘉宾就是那个校长，怎么都混了个脸熟，不过他的体型梁副校长应该也蛮熟悉的。

高三下学期开学的时候，意外地发现宿舍门口贴上了对联，但看到的第一眼我就知道肯定不是室长掏钱买的——这种水平的字有谁好意思拿出来卖。回头问了室长一句，还真的是他的大作。俗话说得好，有难一起当，所以另外三个重点班宿舍的门上也都贴上了同款。

内容我真的不记得了，只记得那略显稚嫩的字。高考完收拾东西的那个下午，江叔忽然问正在收拾行李的我，这一层贴有对联的三个宿舍是不是重点班的？我怔了怔，认真地点了点头。

第二天宿舍大清洁，对联被胡乱地撕下，再揉碎，扔掉。被覆盖过的墙面显得比周遭的要干净一点儿，像一个躲在母亲襁褓里的小孩长大后有点儿害怕有点儿紧张地望着这个陌生的世界。

但过不了多久，我知道会有新的对联出现在这堵墙上，像我们的高三那样。或者像所有人的高三那样。

3

其实还有很多很多的小事和雷语值得被写下来，只是太零碎，拼不成一个完整的片段。

但这不代表这些事没有它们的价值，至少在高三的奋斗时光里，给过十四个男孩儿那么多的安慰。

记得高考第二天八号晚上，宿舍里很多人都出去通宵上网，我和胸毛哥其驹在宿舍高高兴兴地玩手机。十点四十分准时熄灯后，班主任冷不丁地进来，我第一反应就是把手机藏好，几秒后才反应过来都高考完了还藏个啥啊。转过头看看其驹，他正冲我傻笑，原来他也一样。几年的毛病还改不掉了。后来班主任进进出出几个来回，我俩都条件反射地藏好手机。不知道这个习惯以后会不会改。

毕竟再也回不去中学时代了。

对了，由于我们班主任比较短小精悍，二十来岁的人了，声音还不太雄厚，那天晚上巡宿舍的阿姨以为是一个学生在吵吵闹闹，所以在门口训斥了班主任好久。班主任有点儿不开心地说我是老师啊，阿姨偏不信，用宿管专用的亮瞎眼的手电筒一照后，一溜烟地跑了。我当时正和班主任交流，不敢笑，差点儿憋坏。

我会记得九室呕吐那晚全室熟睡的人起床为他忙前忙后，会记得老师巡宿舍时勇当哨兵的黎开，会记得睡我一旁挂上蚊帐把失眠和蚊子留给我的晓旭，也会记得尽职尽责为了落实午睡点名工作在我开大号时都巴不得翻墙验明我正身的室长宗师，还会记得菊华在床铺上勇敢唱跳《Let it Go》那副醉人的模样，还有好多好多，一个个镜头手拉着手，在高三这一年，每晚围绕着我跳舞，让我安眠入睡。

还记得高考结束收拾东西要走的时候，咸湿对我讲的最后一句话是："记得我们的约定，把我写成一个迷倒万千少女的校草！"他习惯性地甩了甩头，却因为忘记已经剪了寸头，头发纹丝不动，勉强留下一

133

幸好青春从未走远

个痞子般的身影当做告别。

对不起，这次我还是没有把你这棵校草写下来，因为你在宿舍的那点儿事要是真说出来得给你抹黑。

这次一别，再也不可能十四个小伙伴睡在一个宿舍里开夜谈会，躲在被窝里玩手机，还有某人打鼻鼾让人想一巴掌打过去了。

我简单地记叙宿舍的那点儿事，只是希望大家都别忘了，北楼204才不是没有故事的男生宿舍。

谢谢你路过我的世界

愈 之

连续挂掉田田两个电话后，手机又响了。定是急事。

她说她已经进了张嘉佳的签售会场，正在排队买书，问我是不是要两本？问我这边买好了没？另外还有没有别的叮嘱？我压低声音回答她的问题，彼此的语速都快得对方有点儿听不清楚。挂掉电话，我一边看时间，一边看着正慷慨激昂的骆以军老师，心里被着急填满。

此时，我正在羊城书展的会议室里听骆以军老师的讲座；而另外一个会议室里，有我期待已久的张嘉佳的讲座+签售。按照书展的时间表，两场活动挨得很近却没有时间冲突，只要骆老师这边一结束我就马上赶过去的话，我也能听到张嘉佳的讲座。

可是……骆老师也太能说了吧！仅演讲就挤掉了安排好的互动环节，可是如果要我花五十多块买了《脸之书》却不参加签售，又觉得心里不平衡。

等！

岂料，当我喜滋滋地抱着老骆的签名本离开他的签售现场后，居然发现我迷路了！越着急越不知道往那边走，等我好不容易挤到张嘉佳签售会场的时候，他的讲座已经结束，等待签售的队伍里三层外三层地绕了会场好几圈。如果现在跟在队尾的话，说不定活动结束之前勉强轮到我……

这时田田的电话又响了起来，当她告诉我她所在的位置后，我发现她排在挺靠前的地方，而她怀里还抱着六本书——两本《从你的全世界路过》，三本《让你留在我身边》，还有一本是刚才她在曹文轩签售会上给我买的《红瓦片》。（这次我就不追究了，以后不要让曹文轩和骆以军的活动撞车好吗？）

"嘉佳的书，有三本是我的吗？"我接过书，愣愣地问田田。

"是呀。你不是说你还要给朋友买一本吗？所以我买了三本。"原来第一通电话里她是问我是不是《从你的全世界路过》和《让我留在你身边》这两本全要！

"哦，对！"反应过来后我有一种想要狠狠拥抱田田的冲动。其实，到会场后我才知道，这回除了海报上宣传的新书《让你留在我身边》之外，《从你的全世界路过》也在签售范围！而我没告诉田田的是，我因为上次错过了《从你的全世界路过》张嘉佳广州签售会还遗憾了好久呢。

"这回大丰收了！"我说。

"记住以后有书展和签售一定要带上我。"

说起来多少有些不好意思，这是田田第一次参加书展，本来我以为她对这种事情不感兴趣的，也做好了独自拼了的打算，还告诉她如果到了会场觉得无聊的话可以自己先回学校。没想到她兴致勃勃不说，还帮我买了书，拿了签名本，用手机拍下了我与张嘉佳的合影，并且提醒我别忘了与张嘉佳握手！

更神奇的是，与张嘉佳握手的时候，张嘉佳跟我说了一句"加油"，而这不过一秒钟的事儿，田田居然帮我拍下来了！晚上回到宿舍以后，她把手机递给我，说："不太会用录像，断断续续地录了一小段现场视频。技术不好，别介意。"

当我们兴奋地抱着一大堆书离开琶洲会展中心的时候，突然想起还没吃午饭，而身上的钱只够在附近吃一碗泡面的了，若不是兜里还有"羊城通"，恐怕就得露宿会展中心了。

那天晚上我在日记里简短地写道：在最光芒万丈的青春里，在最跟跟跄跄的时光里，谢谢你路过我的世界。

我所理解的生活

　　我伸出舌头舔舔嘴唇，最近天气干燥，我撕下一张便利贴写下：星期六晚上记得去买薄荷味唇膏。天黑得越来越早，灯却亮得越来越晚。昨晚十一点从学校回来，在楼梯口遇到房东阿姨，她叮嘱我以后早点儿回来……"夜路难行，一定要结伴而行。"她再次叮嘱。我点点头，心里却明白，我没有伴可结。实在荒唐，我已经成长为一个连一句"我们一起回去吧"也说不出口的冰冻少女。

我所理解的生活

街猫

1. 我知道这些和冬天有什么关系

今晚不在状态。

看语文，眼皮打架；做数学，逻辑混乱；学物理，灵魂出窍。自暴自弃地抛下一切发了五分钟的呆，罪恶感不由分说地漫上来，仿佛亲手掐死了一只小猫。

一定是这两天没休息好。

晚自习下课铃一响我就抓起书包往外跑，我多么想做一个风一样的女子轻飘飘地穿过人山和人海，但身在江湖，人在高三，沉重的书包完全扼杀了这一可能性。口袋里的手机震了一下，是T的短信：累觉不爱了。每天的作业都做不完，关键我坐外面，每次老师下来检查我那一圈就我一个人没完成，那种心情……最近各种不顺，便秘，不知道吃什么好，吃什么都不好，也不想跟家里人说。数学好难啊，知识点都忘光了，还有地理很多东西也要重新学过。老天啊，请赐给我一万个冬天让我把这些乱七八糟的事都淹没了吧。

我想问，作业，便秘，地理，数学，这些和冬天有什么关系？

终是没问，因为实在懒得打字了。路过食尚饮，高二长期泡着的一间奶茶店，躺在店门外的电车上玩手机的小老板好笑地看着我说："能不能挺直腰板来走路？"

我笑笑说："我太累了。"

很多时候，我们面对一些短期无法解决的问题，或者当我们以为自己明明已经很努力但问题依然解决不了的时候，老实说，像我这种诚实的人，第一反应就是怀疑自己是不是个蠢蛋？这真是一个费力气的活儿，每自我怀疑一次不知要灌多少鸡汤才重新有勇气傲娇地翻白眼。慢慢我们学会另一种方式：睡一觉就好了，夏天过去就好了，吃饱饭一切就不一样了，I am a smart girl but it's a Black Friday……

其实有时候我也害怕，像我们在成功学的熏陶中成长起来的这一代，最终要如何接受自己只是一个平凡人？

2. 大学恋爱论

我不喜欢现在这个班主任，一个有小肚子和可掬笑容的中年男人。开学到现在，他跟我们说话不超过十句，一直在重复，不断重复，把同一句话用不同分贝不同语气不同停顿不同表情重复个十万八千遍，好在他遇到的我已经不是那个傲娇的小妞，所以我会试着喜欢他。我初三的班主任是个历史老师，那时候他跟我们说："如果你没法对历史产生兴趣，就一定要对历史老师——也就是我（腼腆一笑），感兴趣。"——我相信这个理论在高三依然成立。

自从第一次月考我们班考差了以后，老班就开始变本加厉地折磨我们的耳朵，见针插缝地重复他那套大学恋爱论："你们这一代啊，要是这辈子没有在大学里谈一次恋爱，那真是白活了！现在谈有什么意思，你至多牵个手去沃尔玛逛个街，吃完麻辣烫把杯子随手扔到马路旁，这些都是很低级的恋爱。在大学就不一样了，大学校园那么漂亮，大学生素质那么高，没人拦你没人阻你，想干什么就干什么，多好啊！所以啊，你们现在啥都别想，只管学习，一吃饱饭就给我回教室学习！"

我坐在下面翻着白眼，知道我们时间宝贵，为什么还老爱把你的儿子拿出来晒，谁要听？

这个老师，平时说的都是大俗话，让学生感觉大家人格上还挺平等的，唯独在"大学"二字面前完全把我们当乡霸，用他那一嘴磕磕绊绊的普通话竭力向我们描述这样一个大学形象："大学宿舍有空调，大学食堂一级棒，大学校园金碧辉煌；大学生素质好：绝不会乱丢垃圾、绝不会穿拖鞋去上课、绝不会当众抠鼻屎……总之一句话，只要你上了一所好大学，你一定会成为一个更高级的人，你的世界开始翻盘，你的人生开始辉煌，你要啥有啥！"

有时我忍不住觉得这个中年男人挺可爱的。或许真的应该去相信，知识的确可以改变命运。相信在大学里，草根可以逆袭，爱情可以开花，先前手里抓到的烂牌通通消失。相信大学能让我们的人生更有意义。那些能让我们更有动力去靠近目标的蠢话，相信一下又何妨呢？何必计较那么多，我们的时间已经不多。牢牢记住，我们的目标就是上大学，名牌大学，然后找好工作赚大钱过上幸福好生活。其他的不重要，你的态度、个性、审美，通通不重要，或者说，上了大学你才有资格谈这些，懂吗？

十分抱歉，与生俱来的智商，不允许我的人格相信以上这些。

3. 便利贴的启示

墙上的便利贴一天天增多，有太多东西要提醒自己：要背单词，要写作文，要吃水果，要洗头，要不耻下问，月考将至……却变得越来越健忘，出门忘带钥匙，吃饭忘记带钱，做题忘记不要钻牛角尖，走在街上遇到昔日好友却怎么也叫不出她的名字，于是只好夸张地跑过去拥抱她。

养成了喝咖啡的习惯，早上一杯，晚上一杯，心情欠佳时就加块方糖。口腔逐渐弥漫一种苦涩的气味，我伸出舌头舔舔嘴唇，最近天气干燥，我撕下一张便利贴写下：星期六晚上记得去买薄荷味唇膏。天黑得越来越早，灯却亮得越来越晚。昨晚十一点从学校回来，在楼梯口遇到房东阿姨，她叮嘱我以后早点回来，因为最近她听说有一个癫佬在我们三中附近游荡，是个哑巴，喜欢跟着女孩子。"夜路难行，一定要结伴而行。"她再次叮嘱。我点点头，心里却明白，我没有伴可结。实在荒唐，我已经成长为一个连一句"我们一起回去吧"也说不出口的冰冻少女。

亢奋有时，低迷有时。我问过数学课代表："你做数学的时候，真的从来没想过去死吗？"他无辜地说："没有啊。"渐渐我也摸索到自愈窍门，每当我被这一变态科目虐到口吐白沫，我就去做几篇英语阅读来回口血。物理课代表最喜欢跑来向我请教英语，前一个月我们是同桌，但现在因为身高他被编到了倒数第一排，我则凭着天下无敌的厚脸皮留在了第一排。他很好学，也够无耻，他孜孜不倦地追在各科老师屁股后面问问题的情景还历历在目，怎么说呢，我真想继续和他做同桌啊。虽然他做英语阅读每个生词都来问我让我很想拍死他，我承认我很俗，已经习惯了什么都不必探究也不必深入只要掌握让你选出得分答案的技巧就行了的思维模式。

想起我们以前讨论题目偶尔争辩，有时最后他会说，"不好意思是我错了没看准题。"我心里明明没有一丝不舒服，嘴上却硬邦邦说出"知道就好"这种鬼话。果然，每一个看着赛林格的书成长起来的少年都是井二病深度患者。正如那个井二老头所说："我们都是白痴，才会这样钻牛角尖。不管什么狗屁事儿，我们总是，总是，总是忘不了那点令人作呕的、微不足道的自我。"他笔下那个叛逆的青春期少年，怎么在记忆里已经鞭长莫及了呢？正如我在这个喧嚣的夜晚，看到了墙上那张已经褪色了的便利贴："不过我可以非常清楚地预见到，你将会通过这样或那样的方式，为某种微不足道的事业英勇地死去。"

没有鹅肝酱的早高峰

黄天煜

陈小洋出生在北方的省会城市里，在他还没有见过白毛红掌的大鹅之前，就觉得自己一辈子都吃不腻鹅肝酱。

大概在陈小洋四五岁的时候，陈妈妈下班路过俄罗斯商品店，买了一盒鹅肝罐头。第二天陈妈妈把鹅肝酱抹在了面包片上给陈小洋当早餐，陈小洋赞不绝口，对鹅肝酱的喜爱从此一发而不可收拾。

儿子这么喜欢吃，陈妈妈干脆成箱买回来。鹅肝酱价格不菲，可陈妈妈觉得陈小洋喜欢吃，就不在乎钱。

时光走得多快啊，陈小洋一下就长成了一个身材颀长的阳光少年。早上出门的时间应学校的要求往前一提再提，陈小洋的黑眼圈越来越重。早上的鹅肝酱面包来不及像过去那样细细品尝，只能在路上狼吞虎咽，美味依旧。陈妈妈每次都在抹匀了鹅肝酱以后，狠狠地再多舀一勺放两片面包正中间。陈小洋每次吃到正中间，都有种腾飞在云端的感觉。

陈小洋当然没有辜负这些年因他而牺牲的大鹅们，在他十八岁那年考上了全省排名第一的大学。

陈小洋明白苦尽甘来的道理，他胸怀大志，也懂得积累和沉淀的重要性。四年后，他终于以首席毕业生的身份结束了大学生活。

毕业典礼上，陈小洋在阳光下微笑。教授走到他面前，拍着他的肩说："你是个有能力又肯吃苦的好孩子，老师建议你去大城市走走，见识一下大城市的繁华，老师相信你会有更好的发展。"

见证陈小洋出生和长大的土地是个二线城市，教授的话不无道理。

陈小洋跟陈妈妈陈爸爸说自己要去一个沿海城市旅游，其实心里已有了在那里扎下根来的打算。

陈小洋打给父母第一个电话，是到了沿海城市的报平安电话；陈小洋打给父母的第二个电话却不知该怎么开口。一家大公司看了陈小洋投的简历，准备聘用他，待遇优厚。

电话里，陈小洋告诉他们这件事，陈爸爸只是说好，好。陈妈妈却不再说话。陈小洋隐隐地听到了陈妈妈抽泣的声音，他心里乱糟糟的……

陈小洋还是留在了那座辉煌灿烂的沿海城市，租了个月租低廉的小屋。

在正式上班的前一天晚上，陈小洋和几个一起来这里打拼的大学同学出去庆祝，一夜豪情万丈，酒花四溢。

第二天早上，陈小洋迷迷糊糊地起床，一看表就要九点了，他急急忙忙地洗漱，出门打了的士，堵在路上。

一个多小时以前，陈妈妈在家早早地起了床。她走进厨房，打开面包袋子，拿出两片面包放在烤箱上加热，又拿起一把勺子舀出鹅肝酱，涂抹均匀，动作一气呵成。

与平常无异的早餐做好了，却不知道递给谁。陈妈妈苦笑着摇头，眼中似有泪光。她忽然想起那个夕阳微暖的黄昏，自己路过然后第一次走进那家俄罗斯商品店……

沿海城市的早高峰，路上车水马龙。气急败坏的司机时不时地按着喇叭，捶着方向盘，骂着脏话。

陈小洋突然有点儿失落，肚子也咕噜噜地响了起来。他好想吃两片黄澄澄的吐司面包中间夹着厚厚的鹅肝酱啊……

"师傅，我下车。"

关上车门，陈小洋拿出了手机。

"赵总，很抱歉违反了我们的约定，我不打算去您那里上班了。……我只是个实习生，应该不会对贵公司造成多么大的损失……好，谢谢赵总理解。"

"肖先生，我不打算租您的房子了。房子很好，没有任何问题。我虽然只住了两天，但我愿意付半个月的租金……好的，我今天就能搬出来，麻烦您了。""喂，兄弟，我不能陪你们闯天下了。帮我订一张晚上的机票，回咱们老家的。回头再跟你解释，我要先收拾行李了。"

一口气打完三个电话，陈小洋终于松了一口气，脱下呆板的制服外套，拽下领带，狂奔在回出租屋的路上。

也许日后我会为今日的选择而后悔，后悔没有留在这里，后悔没为自己的梦想多付出一些努力；也许那几个一起出来拼搏的朋友日后会功成名就叱咤一方，也许日后的自己一生只是一个平凡的小职员。

可在这一刻，这些都不重要，我陈小洋现在要去收拾行李，然后飞回家赶上妈妈明天早上做的鹅肝酱面包早餐。

陈小洋认定，幸福，就是在一起。

属于自己的房间

潘云贵

是否想过某天当世界背对你的时候，独独还有一个角落给你依靠，为你遮风挡雨，那是不是也很幸福？

有窗，有床，有你的气味，这是你的房间。你可以在里面尽情释放自己，安慰自己。房间成为你的听众、收纳箱或者一座秘密花园。可我们常常却在奔波中只将它作为睡眠的场所，不再赋予更多意义。

一个房间其实也是人生的一部分，我们需要好好布置，让房间成为自己独立而美好的世界，而不是监狱。

我从小到大对房间的要求很简单，不需要太大，装得下理想就好。我的理想十分简单，就想着一天坐在窗前的书桌边写自己喜欢的东西。房间素淡简单些，床对着窗，一早便能迎着日光起身，夜深时分也能枕着星月而眠。一排木质书架立在墙角，放上盆万年青，窗台上则搁置小型盆栽，兰草或仙人球，桌上则留有一空瓶，专门用来插放不同季节折来的花束，春天是百合，夏天是栀子，秋天便置桂花，到深冬则插腊梅。虽说不想装扮得太过花哨，但墙上还是要贴些字画，怀素和尚的草书和莫奈的油画是我的最爱。

曾留宿过朋友Perry的住处，不大，就一个房间。厨房、卫生间、淋浴室、阳台、客厅、卧室全都挤在十五平方米的屋子里，隔着玻璃。开门便能一眼望穿。墙壁是粉色的，地板是木质的，窗台宽得很，倒能够用来堆书。桌子很矮，没放椅子，我们常是席地而坐。

在我所认识的男生当中，富哥也是布置房间的一把好手。他老家在贵州山里，家境贫寒，早年丧母，但他自立自强，总在跟着自己的命斗。没有考到理想大学，大学里追过四五个女生也全都泡汤，他时时想打个翻身仗，却都时运不济。我在考研期间跟他合租过一个房间，他是睡在我下铺的兄弟。他勤快得很，还没入住就开始打扫，买来绿色墙纸贴到壁上，又购置可拼接的泡沫地板，棕色，整整齐齐铺着。他床单是蓝色的，被褥是鹅黄色的，枕头上印着喜羊羊的卡通，窗台栽种植物，开白色小花，一股幽芳游荡在房间之中，丝毫不觉是外貌粗犷的男生所为。我也是好奇，偶尔便问富哥为什么喜欢把房间弄得跟朵花似的。他说，生活够暗淡了，不想自己住的地方也跟着灰暗，它应该缤纷温暖些，也有向上的生命。

房间确实要有生命，它连接着我们另一半的生活，常常宁静、真实而孤独。小时候父亲打了我，我便躲到祖父房里。那时祖父已经离世，空留一间房，终日无人来。那房间很空荡，一张床挨着墙角，蚊帐还在，上面蚊子被拍打的血迹还在，点点变了黑，好像祖父生前脸上的老人斑。我一直面向那房里仅有的一扇木格子窗，从黄昏到入夜，窗外错落的屋檐好像巨鸟被凝固的翅膀密密挨着，动也动不了。屋子里的一切都愈发陈旧了。祖父身前死后都是那么孤独。幼时他常常对我说，快快长大，长大后你就快乐了，就不是一个人了。到了二十岁，感觉自己是长大了，但是快乐没有增加，孤独没有离开。

我从不厌恶孤独，排斥孤独，相反我倒觉得孤独其实应是我们每个人的必修课。在一个属于自己的房间里，避开世间喧嚣，不再佩戴面具，也不对谁毕恭毕敬，漂亮话亦可舍去，自己面对的只是自己的那一颗心，爱听德彪西就听德彪西，爱看宫崎骏就看宫崎骏，爱唱董小姐就唱董小姐，谁也不会来说你，谁也不会来管你。仿佛这世界是你的，自己是自己，充满存在感，不再认为自己只是偌大城市中的尘埃。孤独也可以这样舒服。

世上许多被人鄙夷不屑、说三道四、危言耸听的事物，当你习惯了，也就不害怕了。正如韩梅梅在《一个自己的房间》中所说："独处的快乐，有的人永远不懂。在不断逃避孤独的过程里，我们被圈子驯化，逐渐丧失自我，变成一个别人所期待的那个人，而不是自己。我终于明白并接受我的孤独，学会利用原本会带来寂寞的时间，来照顾自己。"在属于自己的房间内，你能安静地直面生活，面对自己，思考更多人生的真谛，变得勇敢，信任自己。这也是孤独带来的一种力量。

当然，独独面对着自己的房间也是不够的，我们不能将自己装在密闭的盒子里，我们需要开窗，看窗外萤火流年，樱花束束，风从四方吹来，凉丝丝地游到心上，跟陌生人打个招呼，和某人通个电话，飞机划出轨迹云，黄昏下的城市也不再冷漠，闪着天堂暖暖的光。经年风霜雨雪，都不足以惧怕。

刘瑞琪在《房间》中唱着："要用多少个晴天交换多少张相片，还记得锁在抽屉里面的滴滴点点，小而温馨的空间因为有你在身边，就不再感觉到害怕大步走向前，一天一月一起一年像不像永远，我们在同一个屋檐下，写着属于我们未来的诗篇，在这温暖的房间……"

每一个住过的房间都像我们的亲人、恋人、闺蜜，装着你的心事，藏着你的秘密，看你成长，一步一步，哭哭笑笑。

阳光溢进来，事物都在地板上落下深深的投影，时间恍若一瞬间被截断。

在自己的房间，守护自己的人生，天涯路远，全和自己没了关系。

拜托，感冒君请离我远一点儿

方 悬

今早醒来第一件事是感觉到嗓子发干，喉咙生疼，赶紧起床倒了杯水喝，一边费劲地喝水一边愤愤地想：哼，又感冒了！

这已经是两个月来的第三次感冒，我也不知道到底感冒君是看上了我哪一点，非要死皮赖脸地跟着我，其实我很不喜欢它。

和感冒君的孽缘大概始于幼儿园时期，那时候的我还是一个梳着羊角辫每天蹦蹦跳跳去上学的小姑娘。直到有一天，我那早已经记不清姓甚名谁性别为何的倒霉同桌把感冒传染给了我，这才开启我对病毒界认识的新篇章，从此造就了我与感冒君不得不说却又一言难尽的感情史。

自打那以后，感冒君就常常不请自来了，而且每一次都是久住不走，试问它们病毒都是这么热情么？

记忆里最使我印象深刻的感冒有两次。

一次发生在初三时，那时候距离中考只剩不到三个月了，然而我感冒的时间已经持续长达一个月之久。那时候的我每天都要用掉两包四百抽的纸巾，我的鼻子是疼的，我的心更是疼的，我心疼钱……

当时正是非主流盛行之时，一直走在时尚前沿的我怎么可能掉队呢，临床表现为买贴纸，买漂亮的本子。那个时候的本子的封面都是一些矫揉造作又毫无逻辑可讲的词句，诸如"不要在我的坟头哭，免得弄脏了我轮回的路"之类的。而我的那本上面的话与我当时的情境真是有缘，那上面写着怎样一句话呢，我记它一辈子：

"感冒了，打针吃药，七天就好了；不打针不吃药，七天也好了。"

这句话安放在我身上真是一个大写的"呵呵"，我既打针又吃药，一个多月了，也没好！

适逢九校联考。考场里安安静静的，只剩书写的声音和我擤鼻涕的声音。我很难过，真的。因为感冒，我整个人的状态特别差，两天考试下来，我一直都是头晕脑涨的，没发挥好本来的水平，这可是九校联考，很重要的考试，可我考得不好已然是板上钉钉的事实。我趴在桌子上，一边艰难地用嘴呼吸，一边特别生气地想：不行！我要打起精神来！我要战胜感冒！

然后，考试结束的铃声响了，第二天，我的感冒就好了。这是我第一次意识到原来人的精神力量可以这么强大！

另一次感冒发生在2014年12月初到2015年1月末，没错，两个月，打破了上一次的纪录，成功登上了我感冒史的冠军宝座！

年前，考试月，我们每个人都奋斗在复习第一线，吃过饭就往图书馆跑，饶是如此，图书馆还是人满为患，找不到一张空的桌子，只得跟别人拼着坐。而那一天不巧，只剩窗子旁边有空座，可是漏风啊！当时我还强颜欢笑，跟室友说："没事儿，小风吹着不困，精神！"可是我没想到，图书馆的小风太过狂野，直接吹挂了我，下午我就发烧了，躺床上起不来了。对床的室友妹子回来了跟我说话，可我没有力气只是胡乱发声，她爬上梯子用手贴贴我的额头惊呼："你发烧了你知道么？"

我想说我知道，可是我什么也说不出来。

最后还是她硬把我拽起来穿上外套带我去了学校附近的药店挂了吊瓶，折腾了许久，才退了烧。

后来有一次跟她谈起这个事，她说当时看见我半死不活地躺着以为我对考试没有信心而自暴自弃来着。

但是我还是想谢谢她。

所幸，后来的日子里就没那么严重了，只是出门总要随身带着几包纸。又后来我们放假了，回家的路途中又是一番折腾，而家里那边居然比学校还要冷，因此导致马上要滚蛋的感冒君卷土重来，直到一月末才总算好了。我也不得不感叹，这确确实实是一场跨年感冒，而且刷新了我的感冒时长纪录。

现在，我对感冒君大概已经是一个放任的态度了，毕竟我们没有相爱只有相杀这么多年，它对我却依旧不离不弃，我谢谢它全家！

如今我又感冒了，一觉醒来，还是熟悉的配方，还是熟悉的感觉。心不甘情不愿地拖着沉重的身体去上了课，同坐的几个小伙伴都发现我又中招了，A说："赶紧吃药，我回去给你拿。"

我说："不能吃药，我越吃药越严重的。"（这是真的，虽然很不合常理。）

B说："你有没有发现，你很容易感冒？"

哦，连我的小伙伴都发现了，对此我只想求感冒君放过我一马！

拜托了，感冒，离我远点儿吧！

向着肉包子，前进

第 二

在下从中考到高考几乎全程致力于如何从有限的生活里抠出无限的百元大钞，却碍于"未满十八"这一板上钉钉的死规定无法大展拳脚，遂一直郁郁不得志。可毕竟今时不同往日，在下已经顺利滚过黑色6月，跳过成人礼，自然要一显身手。于是乎脑子一热，毅然决然向自家母上大人立下军令状："儿诚知涉世未深经验尚浅，但亦晓日日盘中餐，粒粒皆辛苦。现已逾十八，离家千里，自当自强自立。现求学费与路费，此后四月生活，分文不取。"

"说人话！"

"娘啊，生活费不用给我拿，我自己挣。"

"啥？"

"娘亲只需把心放进肚子里。儿臣大功未成，大业未竟，大志未展，大爱未发。亏待不了自己。"

"停！我管你那么多干吗？"母上也是毫不客气，干脆利落把银行卡塞回腰包，大手一挥宣布退朝。留下我一人认真思考"我是充话费送的"这个传说到底有几分可能性。

事实证明，我这一看似热血的举动无疑是自掘坟墓。养儿方知父母恩，养己才晓钱袋沉。开学不过月余，前线却已频频告急。同学聚会你想去不？十一黄金周想出游不？淘宝上觊觎许久的商品终于降价了你还想剁手不？想啊？钱谁出啊！对着计算机键盘死命地狂轰乱炸，终得出一个让人两眼泪汪汪的事实。按照现在这个花钱进度，之后的几个月，我估计我只能天天吃包子了，还不能是肉的！

不过也没关系，没钱咱就赚，说干咱就干。技术活做不了，跑跑腿赚个外快应该还是没什么问题的吧？彼时抱着如此天真想法的我，屁颠儿屁颠儿地扎进了大学城商业街，成功地应聘上了一家店铺的宣传人员。所谓宣传人员，说白了也就是腰中别着不停吆喝的小音响，专挑街头巷尾人多的地方流窜发传单的那伙人。

工资日结，按时计算。活轻不累，方寸瞎转。这听起来是个美差，但在这高等学府集中营，莘莘学子聚集地，大学生绝对是最廉价的劳动力。没人同你争时明码标价十元一小时，若是不巧与谁真心有灵犀一点通了，那就等着变身杨白劳被东家扒皮吧。阳光明媚万里无云时是那个价，风霜雪雨台风海啸都影响不到这行情。一天下来，几番周折，面部神经笑得几近坏死，所赚金额都不够下顿馆子。难啊，实在是难！

好在除了发传单，其他兼职岗位的竞争力还是没那么大的。

人灵嘴甜的可以去做路边促销。什么饼干奶茶鸡尾酒的，边卖边吃，只要躲开摄像头，别被当场抓包就好。当然，前提是你要保证一定的销售额。卖不到基准线，坐等赔钱吧小子！

形象气质好的可以去做迎宾。修身旗袍大红高跟鞋，八颗牙齿十五度微笑。如果恰好搞活动扮人偶，时不时就会有萌哒哒的小孩子来与你合照。不过，这一站站一天，衣服闷热的辛劳，也不足向外人道。

踏实学霸型的自然最好去做家教。面对或大或小的孩子，传道授业解惑什么的，想想就觉得画面太美好。诚然，这技术含量也要高。若是一个月下来学生成绩无提高，赚不到钱倒不算什么，"××大学的学生原来只会误人子弟"砸了母校金字招牌的帽子可不算小。

……

兼职到底非本业，好好学习方正道。还是那句老话说得妙：万般皆下品，惟有读书高！

电子时代里的纸质居民

愈 之

和一群朋友聊天，说起Kindle。

谈话中我发现一个很有意思的事情，有Kindle的朋友喜欢讲述这款阅读器的种种好处，甚至怂恿还没购买的朋友尽快入手。与此同时，纸质书死忠粉在讲述着实体书的诸多优点。那些想买又犹豫不决的朋友最为难，买吧，舍不得纸质书的好；不买吧，又显得跟不上时代步伐。

"我看你也在用Kindle，觉得好用是吧？"已入手的朋友问，我点头同意。

"可她依旧在买实体书啊。"纸质书捍卫者说道。我继续点头承认。

"那你怎么想的？"他们异口同声地问道。

"我啊……"我说，"我想加一杯摩卡，可钱不够了，你们谁能借20块钱？"

众人无语，默默掏钱。之后话题转到了损我上，不再理会阅读器了。

作为一个坐在实体书堆里拿着Kindle的人，我觉得自己在电子书和纸质书的问题上没有发言权。

我喜欢纸质书的质地，钟爱电子书的轻便，我为纸质书占用太多空间而苦恼，也时常抱怨电子书做笔记的不便，但我依旧选择在这两者之间穿行。我发现很多小说读读电子版就足够了，但如哲学、经济一类晦涩难懂的书籍还是纸质书更容易看进去；有很多书是没有电子版的，很多已经绝版了的书只能阅读电子版；家里的签名本和绝版书让我爱不释手，看到马上想阅读的书出了电子版也是让人欣喜的事情。因此每当网上书店有活动我都会十分激动，每当亚马逊官网有电子书优惠我也非常开心——买买买的时候又到了！

很多人问我有手机和平板了，多一款阅读器是否有些多余，对于这个问题我是答不上来的。

Kindle阅读器没出之前我就一直在使用Kindle的APP了，不是它资源是否海量，而是我眼睛不好，喜欢大字体，经过对比后我发现它的字体能调整到比其他阅读APP的都要大。后来买阅读器是因为我没有平板，按照经济学的假设，人是理性的，一个理性的人会选择最有利于自己的事情，比如在仅仅满足阅读需求上，购买较平板便宜的Kindle。

同样解答不了的还有Kindle是否能够培养阅读爱好。这个问题实在太难了，我知道英语很重要，可我就是不喜欢，为了喜欢英语我买过各种英语书籍（其中包括原文书），报过培训班，购买过学习资料，看过英剧和美剧，可我的英语还是很烂，我对它依旧提不起兴趣。正如我不知道如何让自己对英语产生兴趣一样，我不晓得如何让一个不喜欢读书的人爱上阅读。况且喜欢读书与否，跟一个人能不能过得快活之间也没有必然的联系。

我只清楚一点：Kindle、纸质书以及其他产品都是一种载体，如果你是一个对阅读感兴趣的人，纸质书和阅读器都会是一个很好的工具。就算两者都有不完美的地方，你亦然会对它们宠爱有加。如果你尤为喜爱其中一种也没关系，反正另一种仍然会为那些喜欢它的人而存在。

如果我可以

林夏尔

奇葩对对碰

今天是高一军训结束的第一天，我站在16班的门口，看着教室里一块又一块"黑炭"，第无数次咒骂："杀千刀的军训，阻碍本小姐看帅哥的路，黑炭哪里有看头？啊啊啊……还好除了颜控我还是个声控……"

进了班，随意挨了个女生坐下，她是典型的土生土长的村里娃，我为这个学校的包罗万象啧啧称奇，想想还是开口说"你好……""呃呀呀，客气啥子嘛，俺是野娃子，咱不说这些，阿妈管我叫黄丫……"我淡淡地头疼，这乱七八糟的方言，是怎么从一张嘴里说出来的！还好老师来了，让大家开始自我介绍。大家一个接一个地上去，最后自我介绍的模式变成了：名字+梦想。同桌最后一个上台，一张口就惊到了一群人："俺叫沈菠萝，阿妈从小就告诉俺，黄丫啊，长大了就回家相夫教子吧……"

全班哄堂大笑，这时候门被大力地推开，门外一个穿着白衬衣、牛仔裤的男生被教室里的气氛惊呆了片刻，搞清楚状况后，他气定神闲地走上讲台："殷越洋，梦想是中央广播电台男主播，我只想向未来的自己说一声，我可以！"掌声一浪高过一浪，我好像看见沈菠萝的脸红了。"那什么，菠萝同学，相夫教子是女性在实现了自我人生价值之后要做的事，可不是长大了就可以的哦。"殷越洋的眼睛里有轻视，有戏谑，但也有那么一丝认真。沈菠萝的脸一下子红到耳根儿："俺不要侬管，总有一天俺也要让侬知道，俺可以，俺说到做到！"

奇葩年年有，今年特别多。开学第一天本应该严肃的自我介绍环节，让这两个奇葩给对对碰碰没了。我塞着耳机一边听着最喜欢的CV墨白在《山河永寂》中的念白，一边回想着今天的场景，不觉弯了眉眼。

没有什么不可能

开学两周了，我莫名其妙地和这个做事总是慢半拍的沈菠萝成了好朋友，因为方言的问题，她不怎么开口，但一开口说话总是名句，淡淡的韵味也在证明着这个女孩儿骨子里的不凡。听她别扭地用方言往外冒名句，诙谐可爱，我甚至想录下来当语录了。今天因为沈菠萝的慢吞吞，我们去食堂又迟了，惩罚是路上我给她讲作为声控的我最喜欢的CV墨白的事情以及吹嘘我要当个女CV的梦想，虽然我承认我的声音并不算好听而且也没有吸引力。

穿过学校花园的时候我听到了殷越洋练声的声音，但更令我迈不动步的是他念出的一段话："每个人生于世上，为信仰而活。但信仰他太过虚无缥缈，我更愿说那是喜欢，我喜欢他的声音，他不在我身边，但他的声音一直都在我的世界做环绕立体声。多想多想，我们的世界有那么一点点重合……只是我并不出色，所以，做自己吧，流连在他的世界里，也时刻不忘在自己的世界里盛开……"

如果没听错，那是我昨晚在墨白的百度贴吧里写下的一段话，怎么会从殷越洋的嘴里跑出来呢？说出困惑，殷越洋的眼里有了一闪而过的惊艳："作为一个时刻享受声音的人，也作为一个梦想着成为播音员的人，这是我最欣赏的一种粉丝和偶像的关系：相同的爱好使两个人的世界重合但不重叠，不强求且保持着自己清醒的头脑做自己。唉……其实你可以去给墨白的贴吧做写手或者策划，或许那真的适合你……"

我突然觉得这世界有些不真实，给我关上一扇门的同时又打开了一扇窗，一阵恍惚过后，听到沈菠萝喃喃地说："俺好像也变声控了，这可咋整？"沈菠萝直勾勾地看着殷越洋，我有一种不好的预感，还没来得及拉住她，她就已经冲到殷越洋的面前："侬看俺可以学播音主持吗？俺好像看上侬的声音了。"我一阵无语，这个黄丫是要干吗？

殷越洋的眼神充满玩味儿："黄丫，你，好，像，不，行。"

沈菠萝的别扭劲儿上来了："侬，看着，俺，说到做到！"

殷越洋看着这样的沈菠萝，微愣："没什么不可能，你加油，我在未来等你的答案。"

每个人都有想飞的初衷

那个中午，我们没有吃成饭，我被沈菠萝拉着出了校门，游走在这个我成长了十几年的地方，博雅琴行、城市电台、星海广场……其实这里所有的一切都能给沈菠萝不小的震撼，渐渐的，她的眼里有了光彩，大概是因为殷越洋改变了什么吧。那天下午我们在夕阳下手拉着手回学校，整个下午我们都没怎么说话，沈菠萝在认真地欣赏这个她想要留下的城市，也在思考着殷越洋给的生活方向。而我呢，拉着沈菠萝穿梭于大街小巷，第一次认真地看了看这个生我养我的地方，思考着殷越洋下午给的建议……

有些人的出现，给本来灰白的世界带来了一丝光彩，没他我们不是不能活，但真的感谢他披着万丈霞光出现在我的面前，给了我生活的方向。

老班罚我和沈菠萝门外站着，沈菠萝盯着远处的最后一抹夕阳："我！要走得更远！我不要再回到那个村庄，因为它真的装不下我！我可以，我知道。"我颇为无语地听着这丫头的豪言壮语，我知道，她可以，我也可以，因为每一个有梦的人都无人可挡。

时间的洪流太过强大，带走了殷越洋，他因为成绩优异，跳过高三直接拿着播音主持资格证去浙传报道了，留下我和沈菠萝在原地为远方摸爬滚打。当初的那个小花园，现在成了我和沈菠萝的根据地。我抱着笔记本写东西，仍时不时地往墨白的贴吧里扔几段话，但现在耳机里都成了沈菠萝的声音，美其名曰检验训练成果。哼，死黄丫！我对着键盘敲敲打打，有时候写写稿子，怀念一下从前，畅想一下未来，身边放个录音笔，里面有沈菠萝的四千三百八十七条录音，而此刻的沈菠萝在我身旁练声练得嗓子冒烟，现在的她根本不再需要我吐血地纠正平舌音、鼻音、卷舌音，一口流利的普通话在时光的打磨里熠熠生辉。

突发奇想，我点开了录音笔里的第一条录音："大家好，俺是沈菠萝，俺不想回到那个小村子里了，俺不要当野娃子，俺要走得更远一些，俺要向殷越洋证明，俺可以！"沈菠萝的脸红了，但眉眼却是弯的。或许在这些日子的坚持里，我们都懂得了做这些不是为了证明给谁看，只是为了遇见更好的自己。我们痛并快乐地享受着这个蜕变的过程，想真心地和自己说声谢谢。

如果我可以

高三，真的很苦，我和沈菠萝与数不尽的卷子打着持久战、游击战，那些本来痛苦的坚持成了高三生活里唯一的放松和慰藉。所幸，我们都是这场战役里的幸存者，不，是胜利者。

九月，浙大要比浙传迟开学一个星期，我被沈菠萝拉着当苦力，闲晃，迎新，找好吃的以及社团招新，在心里深深地为这个城市折服。一眨眼的功夫儿，沈菠萝就不见了，以我对她的了解，果然，广播站的大牌前我找到了两眼放凶光的沈菠萝。

沈菠萝跳过了初试，直接进录音间里面试，我望着里面一身碎花裙、长发披肩、满脸自信的小美女，长长的岁月里，她用有限的时间为自己创造了无尽的未来，她也扭头透过玻璃看着我，在对方的瞳孔里，我们看到了一样的装扮，一样的发型，一样的自信，以及一样的嘴角上扬。

沈菠萝出色流利地回答着问题，有人推门进来，坐到了面试区最中间的那个椅子上，他看着沈菠萝，也转头看了看我，眼里的流光溢彩怎么都忽视不了。清清嗓子，他开麦，"沈菠萝，最后一个问题，你为什么要到这里嘞？"

沈菠萝也笑："如果没有你，我会是我自己，但既然有了你，我就要我成为更好的自己，只为说一句，我可以！"录音间里的空气有一霎那的静止，只剩下了电流的滋滋声，人们反应过来，开始抓住机会死命地调侃他们的广播站站长。我看着红着脸低着头的沈菠萝，又看着盯着沈菠萝不放却满脸笑意的殷越洋，感叹一句大概故事还长。我抓着震动的手机走出了门，把空间留给他们吧，手机屏幕上是最新一期的杂志过稿名单……

159

我的八颗牙和下雨天

郑心笛

放学走在路上，突然下起了雨，急匆匆地跑进一家便利店躲雨，脑子里突然闪现第一次遇到苏明风的情景……

1

那天，我第一次去嘉欣家里吃饭，半路上突然下起了大雨。我躲在便利店门口，一边看着外面的雨水一颗颗砸在地上荡起的涟漪，一边打电话给嘉欣要她来接我，她爽快地保证十分钟之内肯定到，我静静地站在那里等她，期间来来回回很多人走过，就是没有嘉欣的影子。我刚想掏出手机打电话给嘉欣的时候，有一个人撑着一把蓝色的伞走过来，那是嘉欣的伞，我认得。接着那个人越走越近，我才发现那不是嘉欣，是个男生。

那个男生径直走向我，微微一笑，"林梦是吧？我是嘉欣的朋友苏明风，她在厨房忙得四脚朝天分不开身，叫我来接你。"

我抬头看他，个子很高，穿着衬衫外套，不长不短的头发，一口大白牙。我不自觉也冲他笑了，"她都不怎么下厨的吧？"

苏明风和我一起撑着蓝色的伞走到雨中，我的心里有种很微妙的感觉。

"你是嘉欣的同桌吧？"尴尬间苏明风开口说话了。"是啊。"我不敢侧过头去看他，因为我们俩离得很近。夏末的雨天连空气都是凉凉的，苏明风的衬衫一角被风吹起蹭到我的手背，他应该没发现，可是我却感觉暖暖的。在我偷偷地享受着身边的温暖时，我们不知不觉就到了。

苏明风轻车熟路地敲门，嘉欣穿着粉色的围裙极其淑女，但是一脸不怀好意的笑，"苏明风，你再晚点儿回来我就要报警啦！你把我们家梦梦拐哪儿去了啊这么慢？""大小姐，我哪里敢动你的人啊，快让林梦进去吧，外面冷死了。"我看着苏明风一脸无辜的样子，实在可爱。

外面下着雨，空气微凉，我们在里面吃火锅，气氛很好，是我非常喜欢的感觉，吃饭的途中嘉欣偷拍了一张照片，后来我才知道，在我埋头苦吃的时候，照片里的苏明风一直在看我。

吃完火锅都没收拾桌子我们就窝在沙发上看鬼片，嘉欣胆大一个人坐在地上，苏明风坐在我旁边，电影刚开始的上吊场景一出来我就吓得躲在沙发的一角紧紧抓着抱枕没了声音，苏明风看了我一眼，拍拍我的手，冲我笑笑但是没有说话。我感觉有点儿紧张，不是因为鬼片，而是手的温度一直在升高，烫得很。后面电影放了什么我都没了印象，只记得苏明风在诡异的背景音乐下的大白牙。

临睡前嘉欣跟我说了很多她和苏明风的故事，苏明风也是初三转过来的，比她大一岁，和我们一个学校，很多学妹都喜欢他，他们是发小。"欸，梦梦，苏明风是不是你喜欢的类型？"嘉欣突然很认真地看着我的眼睛问。我不知所措，支支吾吾地回道："我也不知道啊，我长这么大还没有喜欢过什么男生。""那梦梦要是喜欢了谁可一定要告诉我哦，就算是苏明风也得说！"

其实，我想，我猜，我可能是喜欢上下雨了，也有点儿喜欢上这个笑起来八颗牙穿着衬衫的苏明风了。

2

接下来的一个月，我都没有在学校里碰到苏明风，但是我总能在学校里有意无意地听到关于苏明风的消息，也或许是我开始特意留心苏明风的一切消息了，比如他的足球踢得很好篮球却很烂，再比如年段里很多女生都知道高中部有苏明风这个人……

十月底的时候学校组织了一场足球赛，我还没来得及知道这个消息的时候，苏明风就来了。

那是我正趴在桌子上睡觉，迷糊中听到有人叫嘉欣，接着又叫我。我眯着眼看向外面，感觉窗边儿站着一个长得很像苏明风的男生，后桌拍拍我，说有人找你。

我一副没睡醒的样子走到门口，刚好那个男生又叫了我一声，我看向窗户，是苏明风。他向我走过来，又是标准的八颗牙，这次是学校的校服衬衫，扣子扣到了上面第二颗，我那时候在想，我这辈子可能都不会再遇见能把八颗牙都露出来笑得这么好看的衬衫少年了。

"林梦，下周和嘉欣来看我比赛吧？"

"嗯，好，你要加油。"

苏明风笑着点点头。我看着他的背影愣了几秒，没一会儿他就消失在楼道口了。

嘉欣回班以后，我告诉她苏明风叫我们去看比赛的事儿，嘉欣一脸兴奋地告诉我苏明风球踢得很好，我笑着点点头，没有告诉她其实我已经知道了很多关于苏明风的事儿。

接下来的每天嘉欣都拉着我去看苏明风踢球，我们每天必买三瓶水，坐在操场边儿上看着苏明风在球场上奔跑，然后在苏明风跑得满头大汗休息的时候，嘉欣就拉着我去给苏明风送水，趁着喝水的空儿他会和我们开两句玩笑，有时候他还很自然地拿过我手上的水喝掉，然后回去继续训练。我和嘉欣在太阳快下山时跟操场上的苏明风挥手说再见。

苏明风也是笑着挥手，其实我看不清他的脸，但是他的大白牙我看见了。

比赛的前一天，我和嘉欣像往常一样坐在操场边儿上，嘉欣很随意地问了我一句："梦梦，你是不是喜欢苏明风？"我愣住了，我以为自己隐藏得很好，"看，你果然喜欢。"我感觉嘉欣笑了，但是我没有说话，默默地看着远处，然后点了点头。我没发现嘉欣眼睛里的黯淡和笑容里的尴尬。

第二天的足球赛出奇地热闹。我本以为没什么人会来看，但我低估了苏明风的影响力，人群中的我跟着来看他的女生小声地喊着："苏明风加油！苏明风加油！"嘉欣在一旁边笑边吃零食，还不停地起哄到："梦梦大声点儿啊，苏明风听不到！"我不好意思地瞪了她一眼。将近两个小时的足球赛结束了，围观的人还是很多，我看到有女生冲着苏明风喊："学长真帅！帅过马拉多纳！"我一听就笑了，心想：一米八一的苏明风怎么会输给一米六八的呢。

人群散去后，嘉欣拖着我去找苏明风。我清楚地记得那天的太阳很大，和第一次见他的气氛完全不一样，他背光站在那里，冲我们笑，向我们挥手。

"嘉欣，林梦，走吧。"苏明风拿着自己的包走在前面，他换了好了校服，风轻轻地吹，我看见他的衣角被风吹起，我在后面偷偷地微笑。

我和嘉欣在后面慢吞吞地跟着，太阳把我们三个的影子拉得老长，我注意到苏明风的影子和我的影子叠在一起，莫名地开心。我盯着地上的影子，没发现自己越走越快，一下子撞到了苏明风的背，我摸着额头，苏明风转过身来，拍拍我的头，"林梦走路要小心啊，不要走神了。"然后他继续往前走，我正沉浸在被苏明风拍头的感觉里，嘉欣又拍了一下我，"梦梦走啦。""噢噢，走，走。"

那时的我还是没发现嘉欣看我和苏明风的眼神不对了，我的眼里只有苏明风。年少时的喜欢就是自私地看不到别人。

足球赛后，初三的气氛明显开始紧张起来，我和嘉欣开始每天留校晚自习。偶尔提起苏明风嘉欣也就一语带过，但是我发现我是真的喜欢上苏明风了，我想考本部的高中，继续和苏明风一个学校，嘉欣亦是如此，也在偷偷地努力，但是我们两很默契地什么都没说。我明显感觉到我们的关系有点儿变化，但是我还没来得及细想，嘉欣就道破了。

中考前的一周我和嘉欣一起回家，路灯下我们的影子被拉得老长。

"梦梦……"

"嗯？"嘉欣开口说话的时候我随意地应了一声，看着地上自己的影子。

"其实，我也喜欢苏明风……但是我不想失去你这个朋友。"嘉欣的话在空无一人的路上飘荡，有些激动。

"嗯，嗯？你也……"我侧过身去看嘉欣，路灯太昏暗，看不清她的表情，但我感到她的眼睛会发光，很亮。原来是眼泪。

我低头盯着自己的影子不说话，真是讽刺，像一个踩扁的郁金香，感觉自己皱巴巴的。

沉默了许久，我抬起头，发现她也在看我，我笑了，我知道肯定笑得很丑，脸是僵硬的，上排的牙都露出来了，我自己都感觉有点儿阴森森的。"你们本来就是发小啊，我和苏明风才认识多久啊，也没那么喜欢啦。"我感觉自己的心很难受，像被什么堵住了，声音十分凄凉。我拿什么跟嘉欣争？她能随便拿出来的十年交情我连半年都没有。嘉欣那么漂亮，一头长发乌黑乌黑的，人又白又瘦，尽管比我矮一些，但是给人一种想要保护她的感觉。我呢，真的就像苏明风说的那样，个子白长了，皮肤泛黄，有点儿胖，戴个眼镜，一无是处。

"梦梦，你真好。"这时候我突然能看见她的脸了，她一脸轻松。

"多大点儿事啊。"我一脸尴尬，但我猜她肯定没看到，因为她开始跟我说等中考一完就去跟苏明风表白，说其实她也不知道什么时候喜欢上苏明风的，可能是苏明风第一次买了一个超级大个的冰淇淋给他吃的时候，那时候他们才十岁……

我们继续往前走，但是那天晚上我感觉回家的路变得很长很长，我走了很久很久，心里乱得跟小猫抓过的线团一样，乱七八糟。

到家的时候我整个人都是懵懵的，回到房间，我盯着地上自己每天掉下的头发，开始大哭，眼泪停也停不下来，为了能上本部的学校我天天读到两三点。头发一把一把地掉，不敢扫起来丢进垃圾桶，我怕妈妈担心。我躲在房间里偷偷地哭，哭我的八颗牙，哭我的下雨天。那晚我没有读进一个字，哭着哭着就睡着了，我梦见嘉欣和苏明风手牵手走在我前面，越走越快，然后就不见了。我在后面一边追他们一边哭。哭醒了，外面已经下起了瓢泼大雨，就像我第一次遇见苏明风的那个傍晚的雨那么大。

165

4

一周很快就过去了，中考如约而至。中考的三天都是雨天，我感觉夏天真的到了，风把全身的毛孔都吹得舒舒服服的。

"梦梦，尽自己努力就好了，妈妈不想给你太大压力。"妈妈摸摸我的头，然后给了我一个拥抱。

"嗯，我一定好好考试。你回去吧，你在门口等，我会分神的。"我冲妈妈笑了一下，转头就看到不远处的嘉欣和苏明风，我假装没看到苏明风为嘉欣加油，假装没听到嘉欣在后面叫我，快步走进考场。

接下来的三天我尽量避开嘉欣和苏明风，因为我发现苏明风每次都会在门口等嘉欣，东张西望。我只敢偷偷地躲在人群里看苏明风，看着他和嘉欣并肩离去，有两次我看到他和嘉欣一起走时回头找什么的样子，但不一会儿就回过去了。

最后一场考试结束，我感觉整个人都轻松了，轻松得下一秒就要飘起来，真的感觉到自己解放了。从考场出来后不能马上离开学校，必须在操场上等放行铃。我一个人站在远处的树下，看着大家讨论试卷的热闹场面，有点儿置身事外的感觉。这时候突然开始下起了毛毛雨，很多人都拿出雨伞，学校门口顿时像开了一簇簇彩虹色的绣球花，和昏暗的天空形成鲜明的对比。

我正感受雨点倾落在脸上的感觉，一把蓝色的雨伞向我靠来，我还没反应过来，嘉欣的伞已经罩在我的头顶了。

"梦梦啊，这三天我都找不到你，你跑哪儿去了？"嘉欣一脸责备地看着我。

"学校人太多了，我也找不到你啊。"我假装一脸无奈。我是胆小鬼，我不敢也不能告诉她这三天我一直偷偷地看着她和苏明风。

"好啦，考试都结束了，今晚出去玩吧？决战到天明啊哈哈。"嘉欣搂着我的手臂，一脸迫不及待的样子，"你可别想跑啊林梦！"嘉欣猛地转头瞪着我。

"好啦，晚上我给你电话。"

话音刚落，广播就通知可以出去了，人群涌动，绣球花一下子散开，中间露出灰色的水泥地，一阵嘈杂。

一出校门，我就看到苏明风朝我们挥手，嘉欣也朝他挥手，我故意不去看他，在人群中找妈妈的身影。

"梦梦……"我看到妈妈，像抓住了救命的稻草，急匆匆地拨开嘉欣的手，然后跟她道别。

"林梦怎么走得这么快？"我听到苏明风的声音，但我没有回头，只是走得更快了。

细细的雨下在脸上，湿漉漉的，我感觉眼睛很热，不知道哭没哭。

那天晚上我没有出去，嘉欣打电话到家里找我，我也没接。我躲在房间里收拾东西，把一把一把的头发扫起来装进袋子，把曾经为了苏明风而努力学习的证据一捆一捆地扎好，然后一股脑儿地全部丢进纸箱里，哭到睡着。

那天晚上嘉欣发了很多短信给我——"梦梦，你为什么不接电话，不是约好了出去吗？""梦梦，你是不是觉得我特别坏，因为我喜欢苏明风所以让你别喜欢他。""梦梦……"

……

接下来的三个月嘉欣陆陆续续发来一些短信，但是我一条都没有回，也没有去见她。

我去旅行了。六月底我就知道自己上了省一中，简单收拾了一下就去上海找小姨了，一待就是两个月。每天早上起大早出门乘地铁，背着小包到处逛，等到天黑再倒地铁回家。我感觉那时候的自己忘记了苏明风，忘记了陈嘉欣，忘记了很多东西……

直到开学前的一周我才从上海回来，妈妈已经决定搬家，搬去离新学校很近的一个小区。我到家的时候是深夜，躺在床上看外面，感觉到剑客浪迹天涯又回到故乡的浓浓的孤独感，房间已经空荡荡的了，东西都打包好装进了纸箱。我发了一条短信给嘉欣，"我要搬家了，明天就走。"那时已经是凌晨三点左右，嘉欣没有回我，我看着手机不知不觉地睡着了。

早上一起床就下起了毛毛雨，搬家公司的车早就等在楼下了，坐在副驾驶位置的我从后视望向曾经和嘉欣一起回家的路。有点儿想她，也有点儿想念苏明风笑起来的八颗牙和他的衬衫被风吹起来的样子。

雨越下越大，就像我第一次遇见苏明风的那天一样，从那以后我无可救药地爱上了下雨天。

……

生活就是这样，人不会在一个地方停留太久，如果不好好珍惜连道别都来不及。感觉像是小说里发生的故事一样就这样结束了，留下空荡荡的房子和想念。

　　我把苏明风和林梦和陈嘉欣的故事留在心里，直到现在才写出来，仿佛一切就发生在昨天，记忆里的苏明风只剩下笑起来灿烂的八颗牙和他的衬衫衣角，以及遇见他的那个雨天。

　　青春的故事总是无疾而终。